무야~호 신나
KB083849
미리캔버스
어드벤처
PAINT
MARINEBOOKS

이 책의 차례 contents

00

쉽고 재미있는 디자인 미리캔버스

미리캔버스는 유튜브·인스타그램 콘텐츠, 포스터, 달력, 프로필, 로고, 배너 등을 쉽게 만들 수 있는 디자인 플랫폼입니다.

1 미리캔버스에 가입하기

01 » 크롬( )을 통해 미리캔버스(https://www.miricanvas.com/)에 접속합니다.

02 » [5초 회원가입] 버튼을 클릭한 후 [회원가입] 창이 나타나면 이메일 인증을 통해 가입합니다. 또는 구글이나 네이버, 카카오톡 등의 아이디를 통해 간편하게 가입해 봅니다.

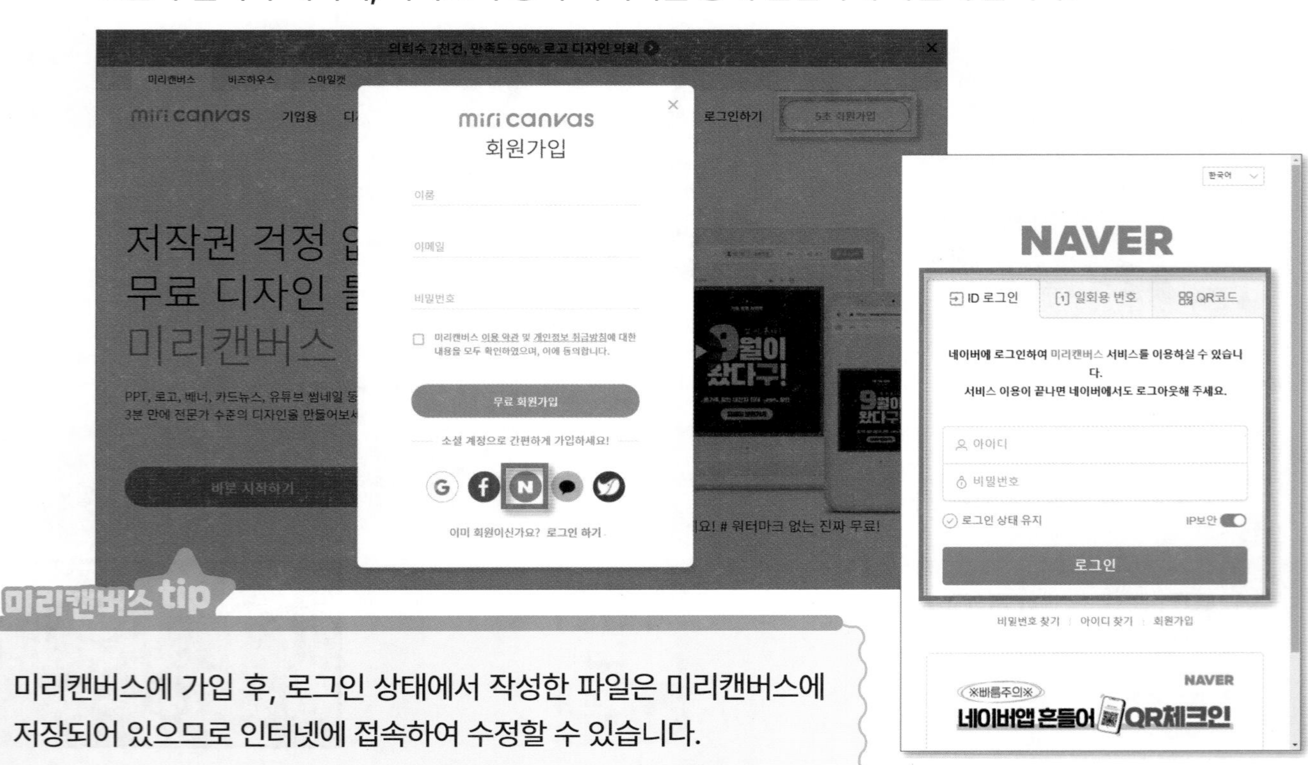

미리캔버스 tip

미리캔버스에 가입 후, 로그인 상태에서 작성한 파일은 미리캔버스에 저장되어 있으므로 인터넷에 접속하여 수정할 수 있습니다.

2 미리캔버스의 화면 구성 확인하기

01 » 미리캔버스 '작업 공간'의 화면 구성을 확인해 봅니다.

❶ 작업 공간 : 이전에 작업한 디자인 파일이 보관되어 있는 곳입니다.
❷ 템플릿 : 미리캔버스에서 제공하는 템플릿을 확인할 수 있습니다.
❸ 내 디자인 : 작업한 디자인을 확인할 수 있습니다.
❹ 내 드라이브 : 저장된 디자인 파일을 폴더별로 관리할 수 있습니다.
❺ 공유 드라이브 : 특정 작업을 다른 사람들과 함께 공유하여 작업할 수 있습니다.
❻ 즐겨찾기 : 자주 쓰는 폴더를 즐겨찾기에 별도로 구분해 놓을 수 있습니다.
❼ 휴지통 : 삭제한 파일을 확인할 수 있습니다. 삭제된 파일은 30일간 보관됩니다.
❽ 검색 : 내 드라이브에 보관된 파일을 검색할 수 있습니다.
❾ 디자인 만들기 : 캔버스 사이즈를 선택하여 새로운 작업 파일을 열 수 있습니다.

즐겨찾기에 폴더 추가하는 방법

[내 드라이브]에서 오른쪽 상단 메뉴 [폴더]를 클릭하여 폴더를 만든 후, 별 모양을 체크하면 즐겨찾기에 체크한 폴더가 추가됩니다.

02 » 미리캔버스의 디자인 화면 구성을 확인해 봅니다.

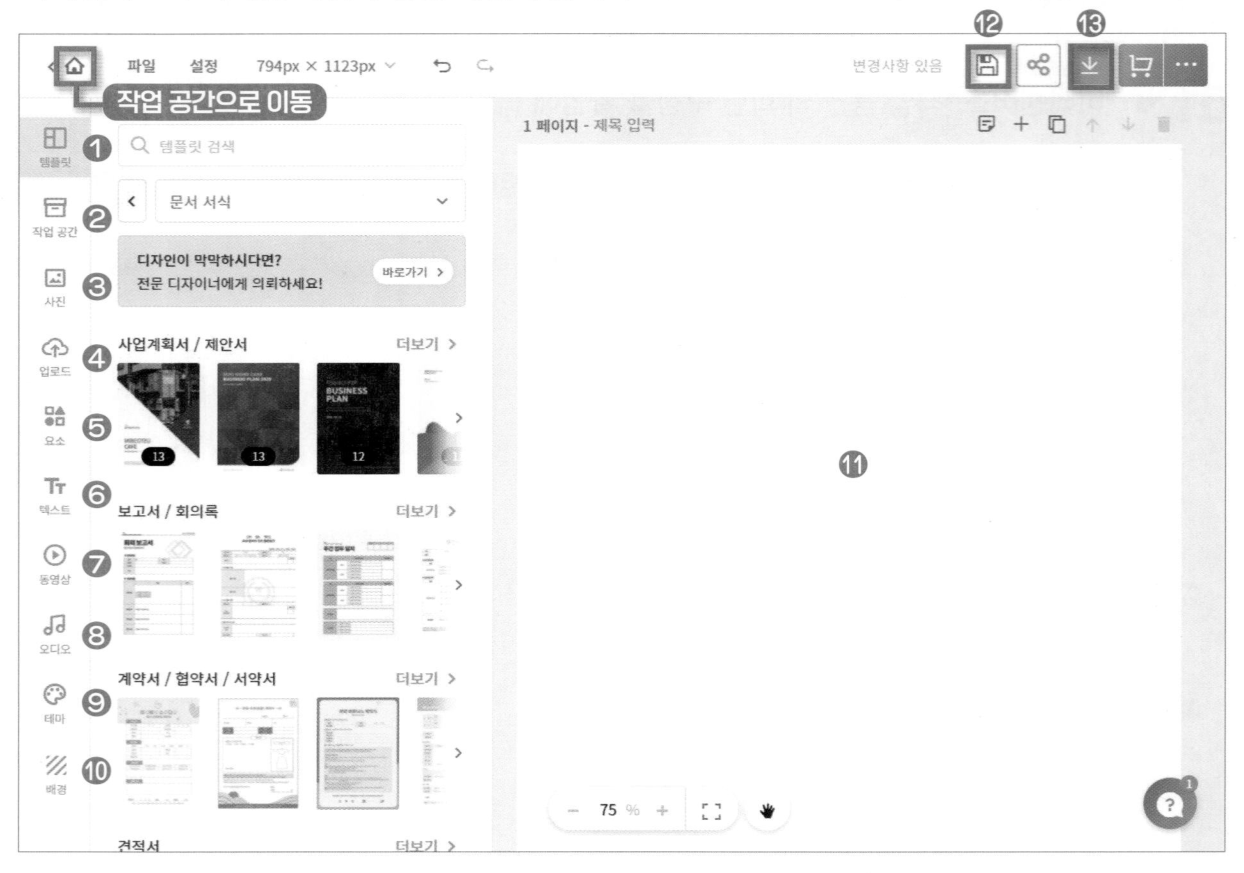

❶ 템플릿 : 페이지 크기에 맞는 템플릿을 제공합니다.

❷ 작업 공간 : 이전에 작업한 디자인 파일이 보관되어 있습니다.

❸ 사진 : 미리캔버스에서 다양한 사진을 제공합니다.

❹ 업로드 : 컴퓨터에 보관된 파일을 미리캔버스로 업로드할 수 있습니다.

❺ 요소 : 다양한 일러스트, 애니, 도형, 선, 프레임, 차트, 표 등을 제공합니다.

❻ 텍스트 : 다양한 스타일의 텍스트를 제공합니다.

❼ 동영상 : 미리캔버스에서 제공하는 동영상과 유튜브의 동영상을 추가할 수 있습니다.

❽ 오디오 : 미리캔버스에서 다양한 배경음을 제공합니다.

❾ 테마 : 템플릿의 전체 색상을 테마에서 선택한 색상으로 바꿀 수 있습니다.

❿ 배경 : 다양한 종류의 사진과 패턴을 배경으로 제공합니다.

⓫ 캔버스(페이지) : 새로 디자인하거나 수정하는 등 편집을 할 수 있는 공간입니다.

⓬ 저장 : 디자인한 페이지를 미리캔버스에 저장할 수 있습니다.

⓭ 다운로드 : 디자인한 페이지를 다운로드 할 수 있습니다.

3 미리캔버스의 자료 구경하기

01 » 미리캔버스는 요소, 텍스트, 배경, 템플릿 등 다양한 자료를 유료 또는 무료로 제공하여 사용자가 쉽고 빠르게 디자인을 할 수 있도록 도와줍니다. 미리캔버스의 [템플릿], [텍스트], [요소] 등의 메뉴를 눌러 어떠한 자료들이 있는지 살펴보세요.

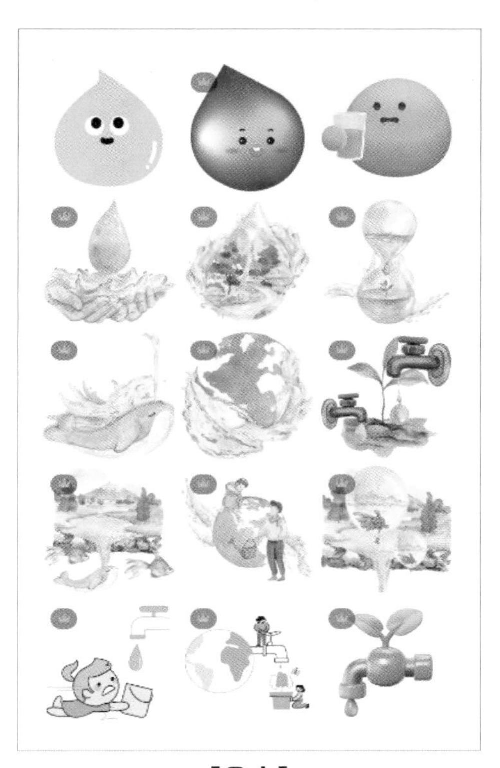

[요소]

이글이글 두근두근
부글부글 지끈지끈
헤벌레~ 두둥
터벅터벅... 핫!

[텍스트]

[배경]

미리캔버스 tip

미리캔버스는 다양한 글꼴도 제공합니다.

미리캔버스 tip **유료 및 무료 콘텐츠**

❶ 미리캔버스 유료 콘텐츠는 왕관( )이 포함되어 있으며, 캔버스에 넣으면 워터마크가 포함되어 표시됩니다.

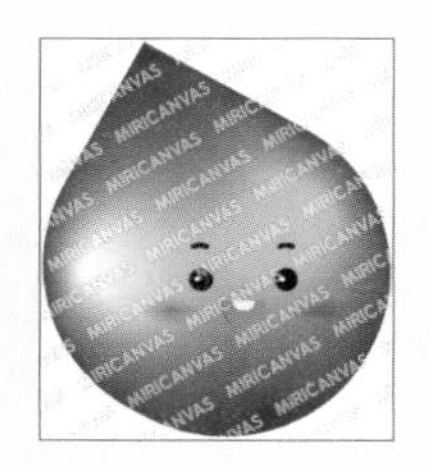

❷ 유료 콘텐츠가 포한된 작품은 다운로드 할 수 없으니 왕관이 없는 무료 콘텐츠만 골라서 작품을 만듭니다.

콘텐츠 구입 후 다운로드

미리캔버스로 디자인한 콘텐츠 구경하기

01 » 미리캔버스는 인스타그램, 카드 뉴스, 로고, 프로필, 배너, 유튜브 썸네일, 인포그래픽, 바탕화면 등의 디자인을 쉽게 할 수 있습니다.

[스티커]

[포스터]

[축하 카드]

[유튜브 썸네일]

[채널 아트]

[로고]

출발 어드벤처

함께 모험을 떠날 멤버들과 모험할 때 필요한
물품을 준비하자.

미리캔버스 어드벤처에 참여하시겠습니까? YES!

어느 날 수민이의 스마트 폰에 메시지가 도착했어요.
"축하합니다! 신청하신 '가상 모험'에 당첨되었습니다. 참가를 원한다면 함께할 멤버를 구성해 주세요."라는 안내 메시지였어요.
"드디어, 미리캔버스로 모험 시작이다!"

01 캐릭터

02 초대장

03 신분증

04 달력

05 생활계획표

06 다이어리

빅 01 기념사진

가상 모험 속 나의 모습 꾸미기

학습목표

- 미리캔버스의 페이지 크기 설정하기
- 이미지를 미리캔버스로 업로드하기
- 이미지 크기 조절하기
- 가상현실 속 '나'의 모습 완성하기

수민이는 제일 먼저 가상 공간에서 자신의 모습을 나타낼 캐릭터를 만들었어요.
"누가 봐도 '나'라는 걸 알 수 있게 디자인해 볼까?"
가상 공간 속 수민이의 캐릭터를 여러분 자신과 닮은 캐릭터로 디자인해 보아요.

1 미리캔버스의 페이지 크기 설정하기

01 » 크롬( )을 통해 미리캔버스(https://www.miricanvas.com/)에 접속한 후 바로 시작하기 버튼을 클릭합니다. 그리고 오른쪽 상단의 로그인 버튼을 눌러 정보를 입력한 후 로그인합니다.

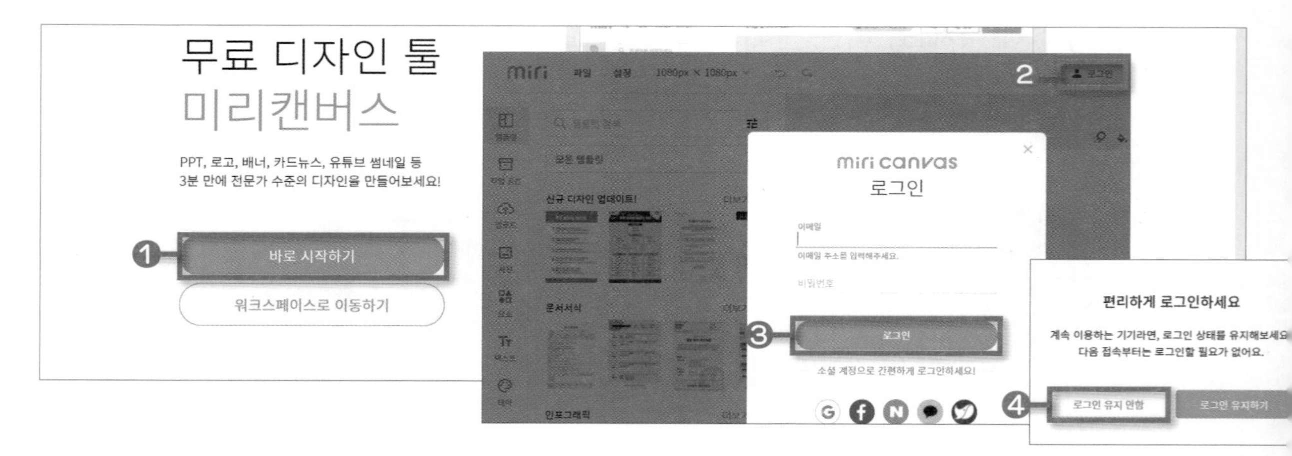

02 » [캔버스 사이즈]를 클릭하여 사이즈 종류가 나타나면 [카드뉴스]를 클릭합니다.

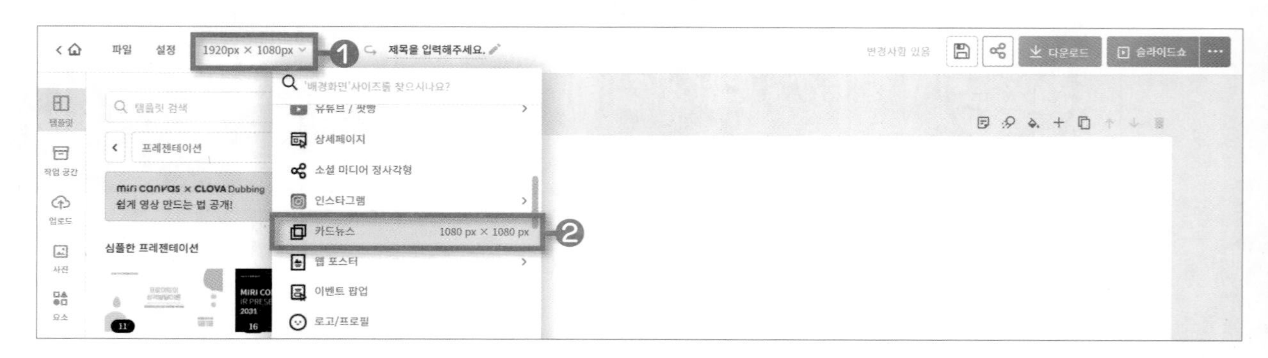

2 이미지를 미리캔버스로 업로드하기

01 » 업로드 - 업로드 버튼을 클릭합니다. [예제파일]-[01강] 폴더의 이미지를 미리캔버스로 모두 업로드하기 위해 키보드의 Ctrl + A 키를 누른 후, 열기 버튼을 클릭합니다.

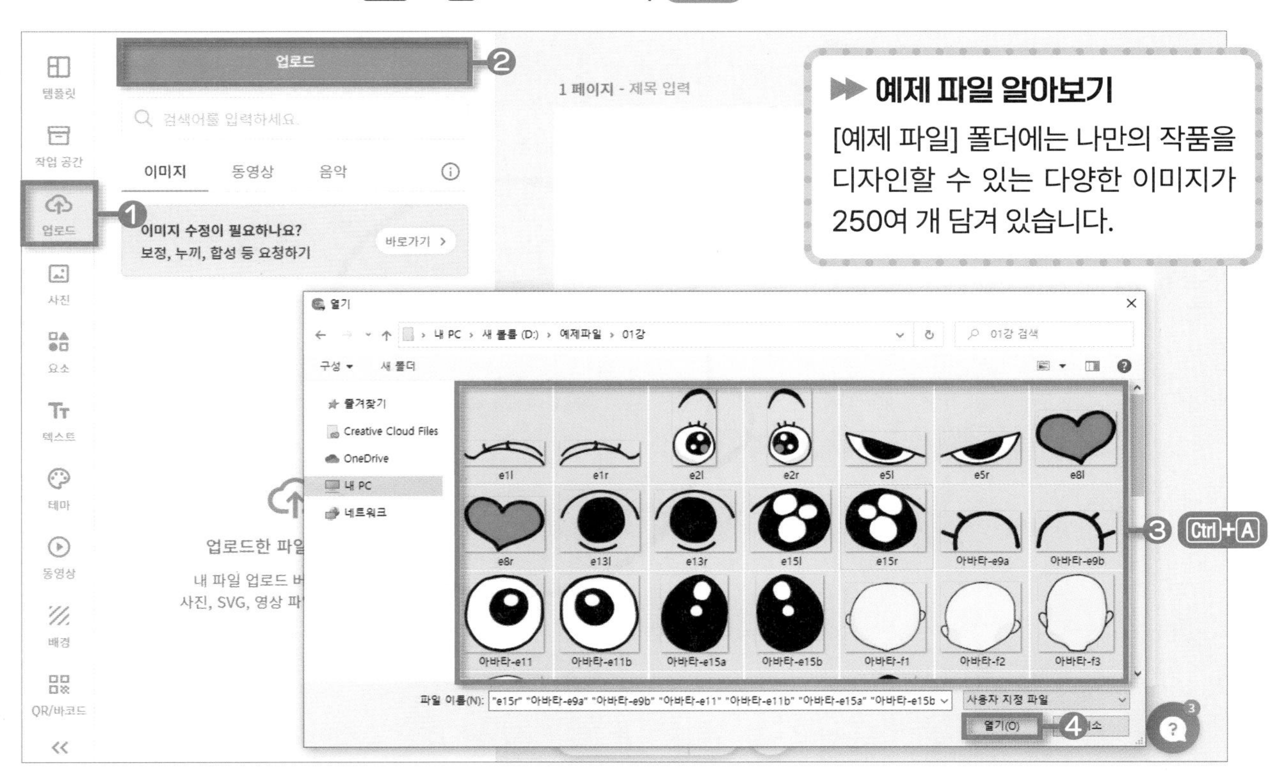

▶▶ 예제 파일 알아보기

[예제 파일] 폴더에는 나만의 작품을 디자인할 수 있는 다양한 이미지가 250여 개 담겨 있습니다.

02 » 업로드 메뉴에 업로드된 이미지 중, 나와 비슷한 얼굴형을 찾아 클릭합니다.

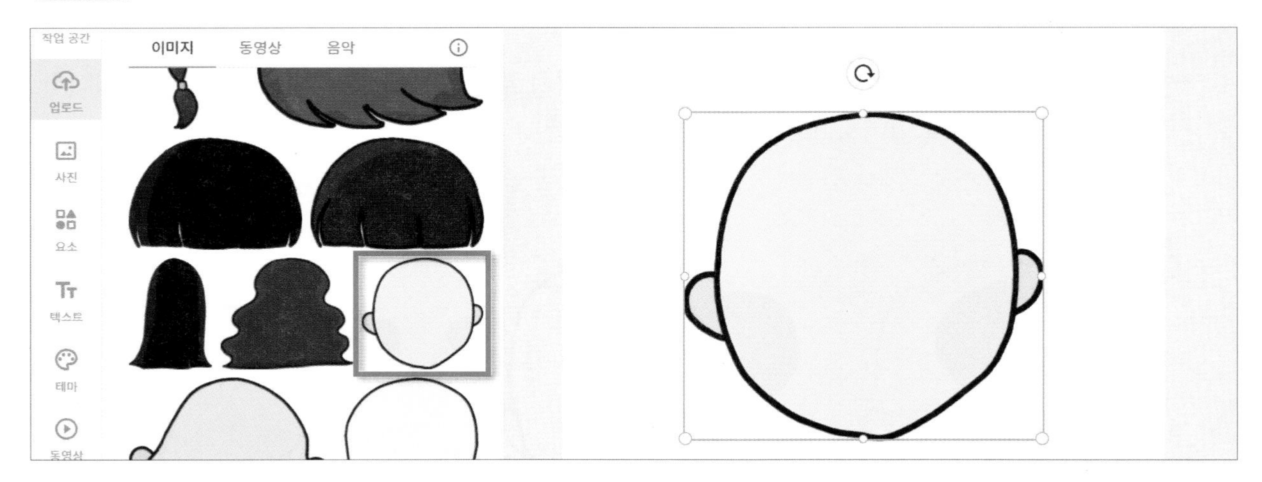

미리캔버스 tip 업로드 이미지 삭제

업로드된 이미지 중에서 특정 이미지의 체크 박스(☐ → ☑)를 선택합니다. 아래쪽에 ☐ 1개 선택 을 클릭하여 전체 ⊟ 50개 선택 이미지가 선택되면 오른쪽의 휴지통(🗑)을 클릭합니다.

⊟ 50개 선택 🗀 🗑 ×

3 이미지 크기 조절하기

01 » 얼굴형이 추가되면 각 모서리의 조절점을 마우스로 드래그하여 크기를 조절합니다.

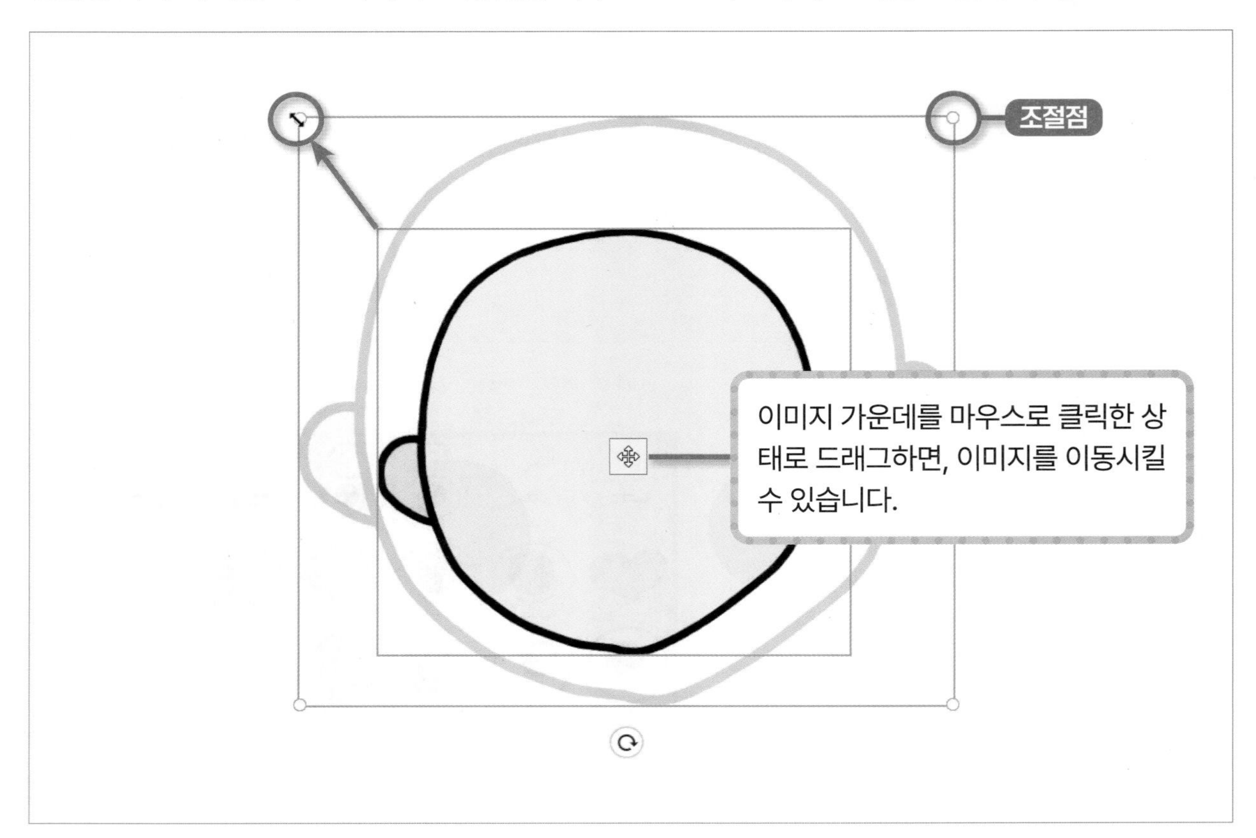

미리캔버스 tip 조절점이란?

- 텍스트나 이미지, 표, 도형 등의 크기나 모양을 사용자가 자유롭게 조절할 때에 사용하는 점입니다.
- 조절점의 위치에 따라 이미지 모양이 서로 다르게 바뀝니다.

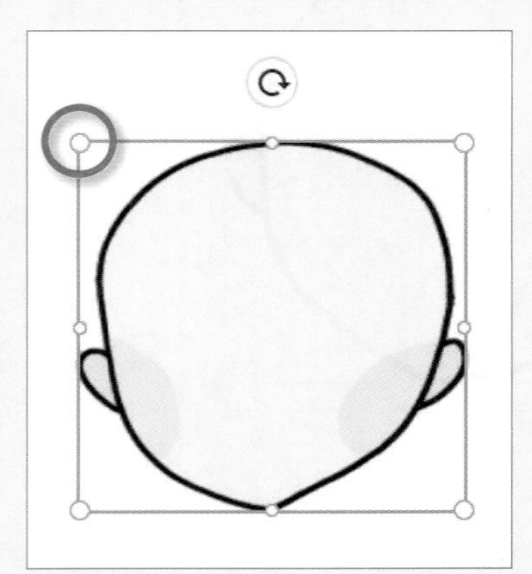

▲ 대각선 조절점을 드래그하면 원래 이미지 모양을 유지하며 크기가 조절됩니다.

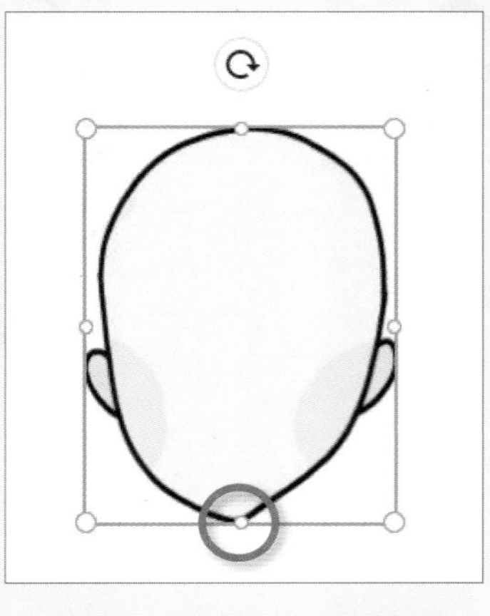

▲ 위쪽, 아래쪽 조절점을 드래그하면 이미지 모양이 '세로'로 늘어납니다.

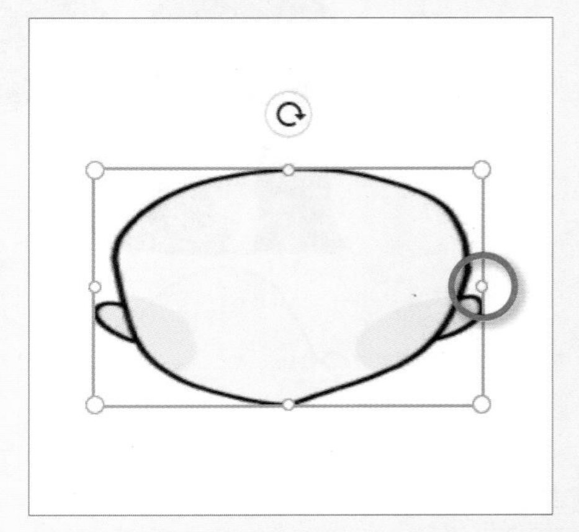

▲ 왼쪽, 오른쪽 조절점을 드래그하면 이미지 모양이 '가로'로 늘어납니다.

4 가상 모험 속 '나'의 모습 완성하기

01 » 업로드 메뉴에서 머리 스타일과 눈, 입 모양을 골라 크기를 조절합니다. 그리고 이미지 순서를 앞뒤로 바꾸어 얼굴에 어울리는 위치로 이동시킵니다.

02 » '나'를 닮은 가상의 캐릭터가 완성되면 다른 모습의 캐릭터도 만들어 봅니다.

미리캔버스 tip 이미지 순서 바꾸기

이미지에 마우스 포인터를 올려놓고, 마우스 오른쪽 버튼을 클릭합니다. 나타나는 메뉴 중 [맨 앞으로 가져오기], [앞으로 가져오기], [뒤로 보내기], [맨 뒤로 보내기]로 이미지 순서를 바꿀 수 있습니다.

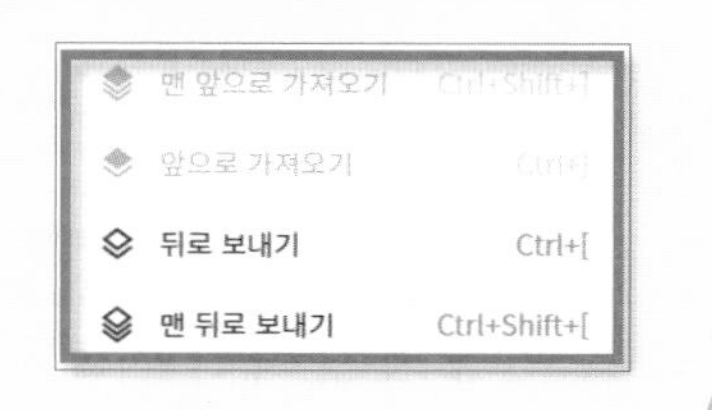

03 » 완성 파일을 컴퓨터에 저장하기 위해 상단의 '제목을 입력해주세요'를 클릭하여 캔버스 제목(예 캐릭터)을 입력합니다. 그리고 다운로드 버튼을 클릭하여 파일 형식(PNG)과 PNG 옵션(투명한 배경)을 선택하고, 빠른 다운로드 를 클릭합니다.

함께할 멤버들에게 초대장 보내기

- 초대장에 배경 추가하기
- 이미지를 추가하여 초대장 꾸미기
- [01]에서 완성한 캐릭터 추가하기
- 글자 이미지로 초대장 완성하기

자신의 캐릭터를 완성한 수민이는 어드벤처에 함께 참가하기로 약속한 친구들에게 초대장을 보내려고 해요. "멤버들이 당첨 소식을 들으면 깜짝 놀라겠지?"
수민이가 친구들에게 보낼 초대장을 디자인해 보아요.

1 초대장에 배경 추가하기

01 » 크롬( )을 통해 미리캔버스(https://www.miricanvas.com/)에 접속한 후 바로 시작하기 버튼을 클릭합니다. 그리고 오른쪽 상단의 로그인 버튼을 눌러 정보를 입력한 후 로그인합니다.

02 » [캔버스 사이즈]를 클릭하여 사이즈 종류가 나타나면 [문서 서식]을 클릭합니다.

03 » 업로드 - 업로드 버튼을 클릭합니다. [예제파일]-[02강] 폴더의 이미지를 미리캔버스로 모두 업로드하기 위해 키보드의 Ctrl + A 키를 누른 후 열기 버튼을 클릭합니다.

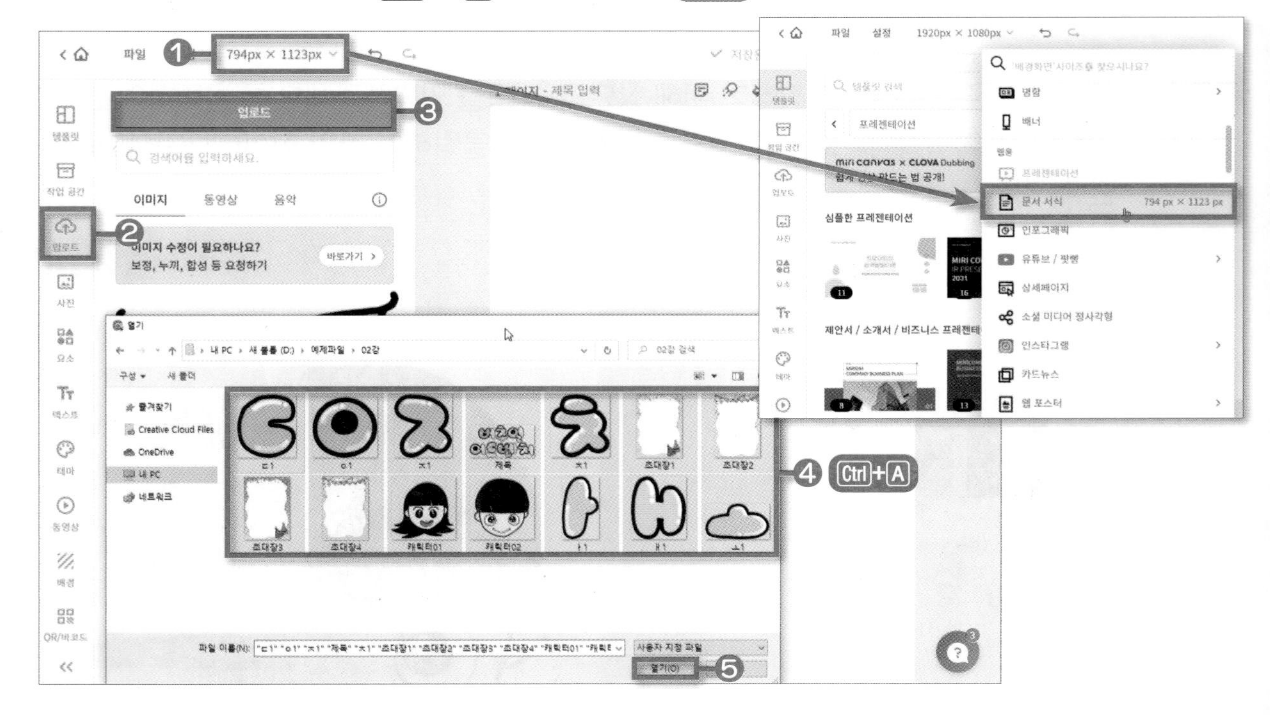

2 이미지 추가하여 초대장 꾸미기

01 » 업로드 메뉴에 업로드된 이미지 중, 초대장 배경으로 사용할 이미지를 찾아 클릭합니다.

02 » 추가된 배경 이미지를 마우스 오른쪽 버튼으로 클릭하여 메뉴가 나타나면 [배경으로 만들기]를 선택합니다.

미리캔버스 tip 배경으로 만들기

캔버스에 추가된 이미지를 고정된 배경으로 지정하는 기능입니다.

03 » 초대장을 꾸미기 위해 요소 메뉴를 클릭한 후 '지구'를 검색합니다.

04 » '지구'가 검색되면 왕관( )이 없는 무료 '지구' 이미지를 클릭합니다.

05 » '지구'의 조절점을 마우스로 드래그하여 크기를 '크게' 조절한 후 위치를 캔버스 '아래'로 이동시킵니다.

06 » 03 ~ 05와 같은 방법으로 다음 그림과 같이 초대장을 자유롭게 꾸며 봅니다.

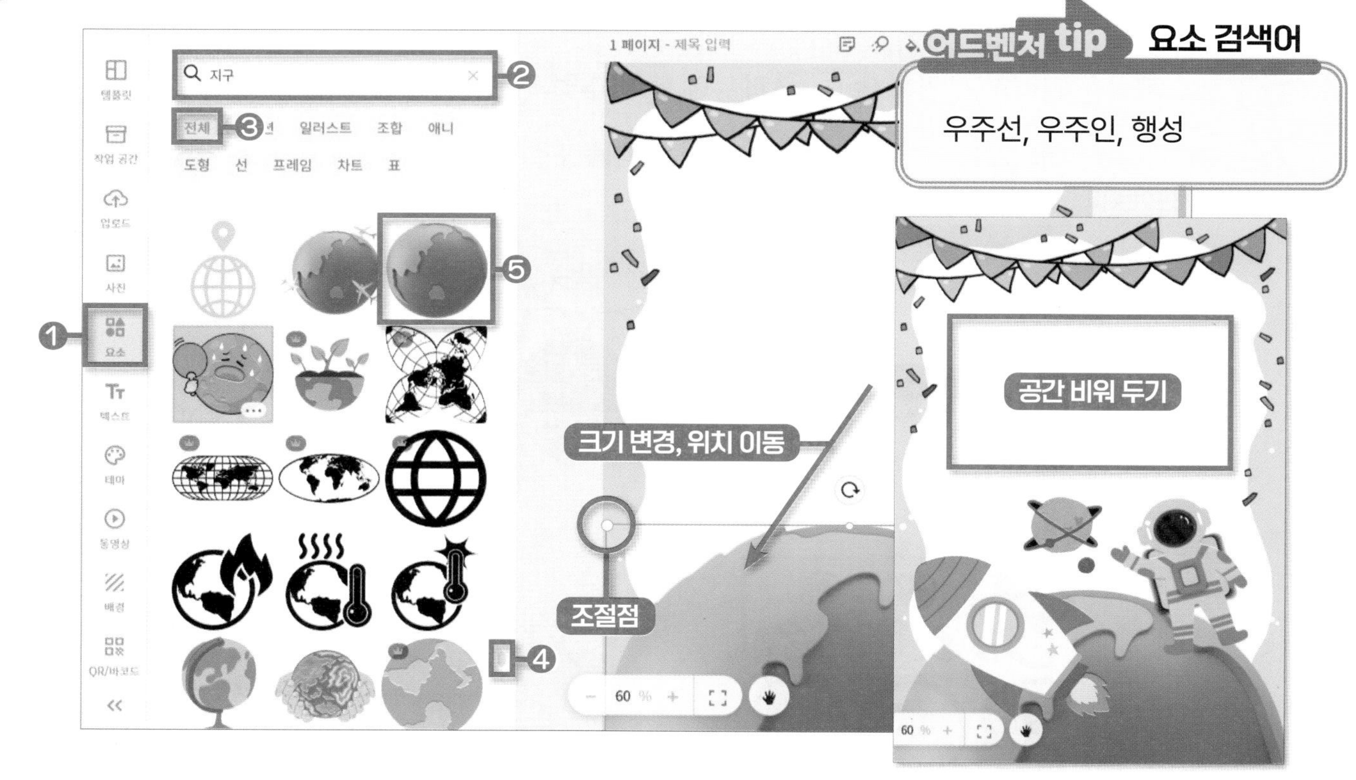

어드벤처 tip 요소 검색어

우주선, 우주인, 행성

3 [01]에서 완성한 캐릭터 추가하기

01 » 업로드 - 업로드 버튼을 클릭합니다. [01강]에서 완성하여 저장해 둔 '캐릭터'를 선택한 후 열기 버튼을 클릭합니다. 자신만의 캐릭터가 없는 경우 [02강] 업로드 파일을 사용합니다.

02 » '캐릭터'를 캔버스에 추가합니다. 그리고 '캐릭터'의 조절점을 마우스로 드래그하여 크기를 조절한 후 다음 그림과 같이 위치를 이동시킵니다.

4 글자 이미지를 이용하여 초대장 완성하기

01 » 제목을 입력하기 위해 업로드 메뉴에서 '버추얼 어드벤처' 이미지를 찾아 클릭합니다.

02 » 추가한 이미지의 조절점을 드래그하여 크기를 조절한 후 위치를 '위쪽'으로 이동시킵니다.

03 » 이미지를 이용하여 '초대장' 문구를 만들기 위해 **업로드** 메뉴에서 'ㅊ' 이미지를 찾아 클릭한 후, 크기를 조절하여 제목 아래쪽으로 이동시킵니다.

04 » **03**과 같은 방법으로 'ㅗ'도 찾아 클릭하여 '초'를 완성해 봅니다.

05 » **03~04**와 같은 방법으로 '초대장' 문구를 완성합니다.

06 » 완성 파일을 저장하기 위해 상단에 캔버스 제목(버추얼 어드벤처 초대장)을 입력합니다. 그리고 **다운로드** 버튼을 클릭하여 파일 형식(JPG)을 선택하고, **빠른 다운로드** 를 클릭합니다.

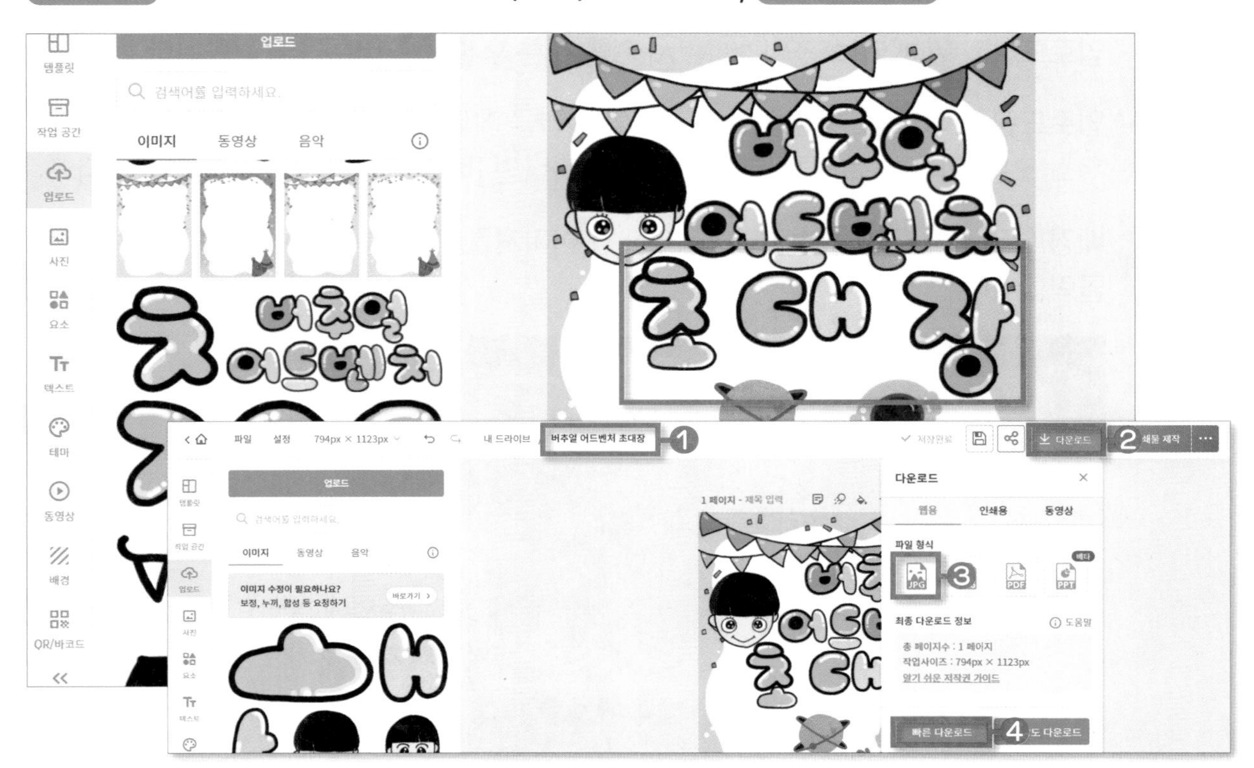

가상 모험을 위한 신분증 만들기

- 신분증에 배경 추가하기
- 신분증에 캐릭터 추가하기
- 신분증에 글자 입력하기

"와!~ 초대장이 왔어! 우리 모험을 떠날 수 있게 됐나 봐, 너무 좋다!"
"그런데 모험을 떠나려면 신분증 필요하지 않아?"
"맞아! 그럼, 신분증은 우리가 직접 만들자."
가상 모험 속에서 사용할 신분증을 디자인해 보아요.

1 신분증에 배경 추가하기

01 » 크롬( )을 통해 미리캔버스(https://www.miricanvas.com/)에 접속한 후 바로 시작하기 버튼을 클릭합니다. 그리고 오른쪽 상단의 로그인 버튼을 눌러 정보를 입력한 후 로그인합니다.

02 » [캔버스 사이즈]를 클릭하여 사이즈 종류가 나타나면 [명함]-[가로형]을 순서대로 클릭합니다.

03 » 업로드 - 업로드 버튼을 클릭합니다. [예제파일]-[03강] 폴더의 이미지를 미리캔버스로 모두 업로드하기 위해 키보드의 Ctrl + A 키를 누른 후 열기 버튼을 클릭합니다.

04 » 업로드된 이미지 중, 신분증으로 사용할 배경을 찾아 클릭합니다. 캔버스에 추가된 이미지를 마우스 오른쪽 버튼으로 클릭하여 메뉴가 나타나면 [배경으로 만들기]를 선택합니다.

05 » 배경 이미지가 화면을 벗어날 경우, 배경 이미지를 더블 클릭하여 크기를 조절한 후 ✓ 체크를 클릭합니다.

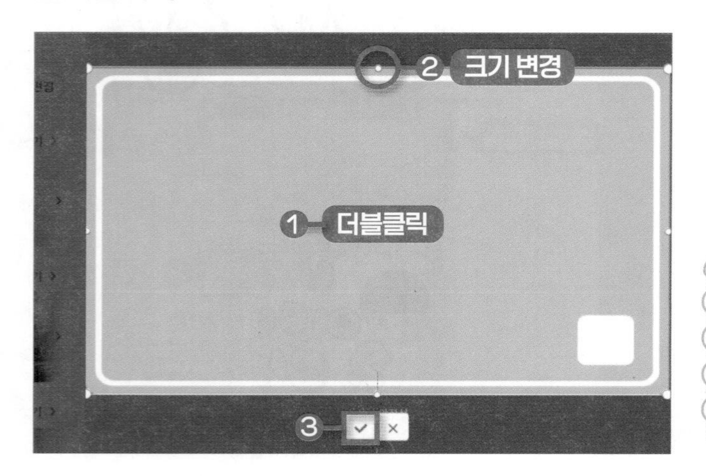

미리캔버스 tip 업로드 이미지 삭제

수업에 불필요한 업로드 이미지를 모두 삭제한 후 새로운 이미지를 업로드하세요. (P11 참고)

2 신분증에 캐릭터 추가하기

01 » 신분증에 멤버의 모습을 추가하기 위해 왼쪽 메뉴에서 요소 를 클릭한 후 '캐릭터'를 검색합니다.

02 » '캐릭터'가 검색되면 왕관( )이 없는 무료 이미지를 클릭한 후 '캐릭터'의 크기를 조절합니다. 그리고 위치를 다음 그림과 같이 왼쪽으로 이동시킵니다.

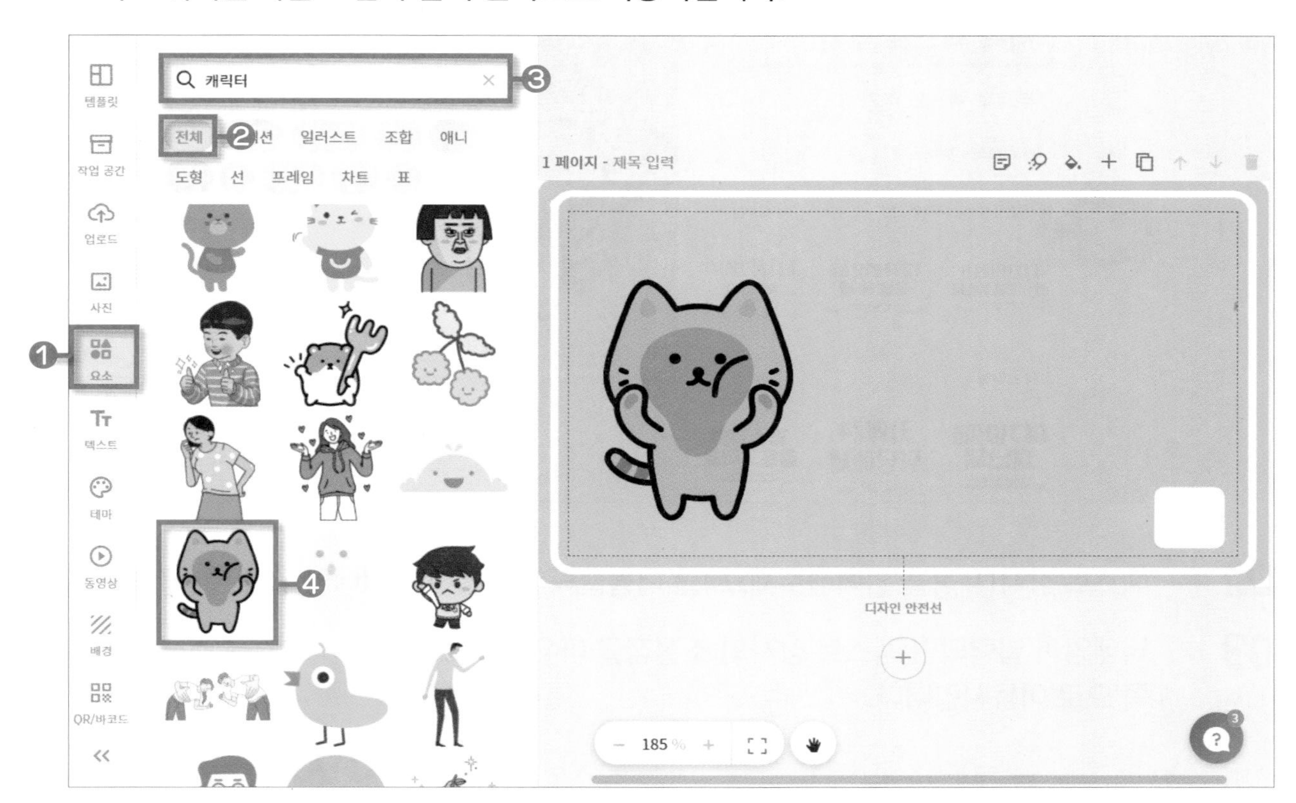

03 » 다양한 요소를 검색하여 캐릭터를 꾸며 봅니다.

어드벤처 tip 요소 검색어

탐험모자, 돋보기, 캐릭터

3 신분증에 글자 입력하기

01 » 멤버의 이름을 입력하기 위해 왼쪽 메뉴에서 텍스트 -[제목 텍스트 추가]를 클릭합니다.

02 » 텍스트 상자(제목을 입력해주세요.)를 더블클릭하여 멤버의 닉네임(별명)을 입력합니다.

03 » 닉네임이 입력되면 텍스트 상자의 조절점을 마우스로 드래그하여 크기를 조절한 후, 위치를 '위쪽'으로 이동시킵니다.

미리캔버스 tip 텍스트 크기 변경하기

텍스트도 이미지처럼 조절점을 마우스로 드래그하여 크기를 조절할 수 있습니다.

04 » 글꼴을 바꾸기 위해 닉네임을 입력한 텍스트 상자를 선택한 후 텍스트 속성에서 글꼴을 'THE 푸딩B'로 변경해 봅니다.

미리캔버스 tip 텍스트 속성창

❶ 텍스트의 글꼴, 글자 크기, 글자색, 외곽선, 그림자, 행간, 자간, 장평 등을 바꿀 수 있습니다.
❷ 글자 속성을 바꿀 때에는 입력된 텍스트를 영역 선택하거나 텍스트 상자를 선택해야 합니다.

05 » 텍스트 속성에서 [글자색]을 바꾸고 [외곽선]을 추가해 봅니다.

06 » 나머지 내용도 다음 그림을 참고하여 입력하고 텍스트 속성을 바꾸어 봅니다.

07 » 멤버의 신분증이 완성되면 제목(신분증)을 입력하고, 다운로드 - JPG - 빠른 다운로드 버튼을 순서대로 클릭하여 컴퓨터에 저장합니다.

08 » 위와 같은 방법으로 다른 멤버들의 신분증도 완성해 봅니다.

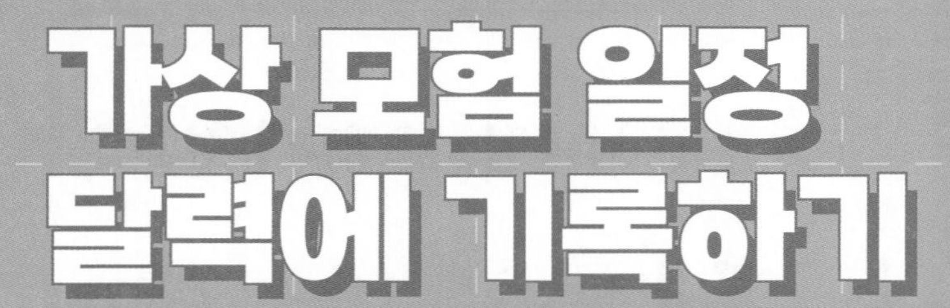

- ▶ 달력에 배경 추가하기
- ▶ 달력 제목 만들기
- ▶ 달력 '칸' 꾸미기
- ▶ 일정 내용 기록하고 글자 꾸미기

"얘들아, 그럼 우리가 모험할 수 있는 곳이 쥐라기 월드, 몬스터 월드, 스토리 월드라는 거지?"
"그렇다면 모험하는 중에 일정을 잊어버리지 않도록 달력에 기록해 두면 어떨까?"
달력을 만들어 '쥐라기·몬스터·스토리 월드'에 방문하는 날짜를 기록해 보아요.

1 달력에 배경 추가하기

01 » 크롬( )을 통해 미리캔버스(https://www.miricanvas.com/)에 접속한 후 [바로 시작하기] 버튼을 클릭합니다. 그리고 오른쪽 상단의 [로그인] 버튼을 눌러 정보를 입력한 후 로그인합니다.

02 » [캔버스 사이즈]를 클릭하여 사이즈 종류가 나타나면 [문서 서식]을 클릭합니다.

03 » [업로드] - [업로드] 버튼을 클릭합니다. [예제파일]-[04강] 폴더의 이미지를 미리캔버스로 모두 업로드하기 위해 키보드의 Ctrl + A 키를 누른 후 [열기] 버튼을 클릭합니다.

04 » 업로드된 이미지 중, 달력으로 사용할 배경을 찾아 클릭합니다. 캔버스에 추가된 이미지를 마우스 오른쪽 버튼으로 클릭하여 메뉴가 나타나면 [배경으로 만들기]를 선택합니다.

2 달력 제목 만들기

01 » 캔버스 화면에서 Ctrl 키를 누른 채 마우스 휠을 앞으로 밀어 캔버스의 크기를 확대합니다.

02 » 텍스트 - [제목 텍스트 추가]를 순서대로 클릭하여 제목(버추얼 어드벤처 일정)을 입력합니다.

03 » 제목을 꾸미기 위해 텍스트 속성에서 [글꼴], [글자 크기], [글자색], [외곽선]을 변경한 후 제목이 잘 보이도록 위치를 이동시킵니다.

미리캔버스 tip 텍스트 박스의 위치를 미세하게 조정하는 방법

이동할 텍스트 박스를 선택한 후 키보드의 방향키(← ↑ ↓ →)를 눌러 위치를 이동시킵니다.

미리캔버스 tip 텍스트의 크기를 바꾸는 두 가지 방법

❶ 텍스트 속성을 이용한 방법

❷ '텍스트 박스'의 조절점을 이용한 방법

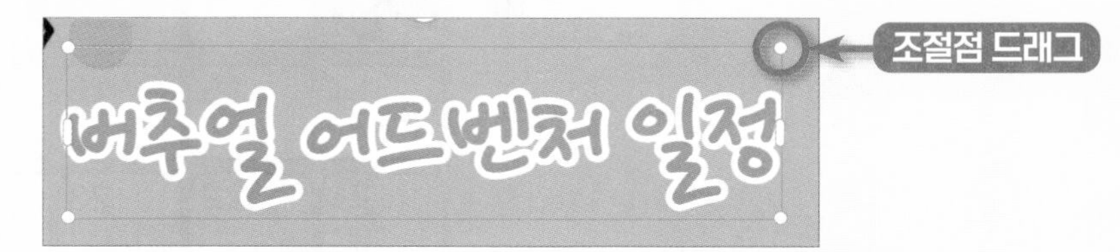

3 쥐라기·몬스터·스토리 월드의 방문 날짜 '칸' 꾸미기

01 » 출발하는 날짜 칸을 특별하게 꾸미기 위해 요소 에서 '우주선'을 검색하여 왕관( )이 없는 무료 '우주선' 이미지를 클릭합니다.

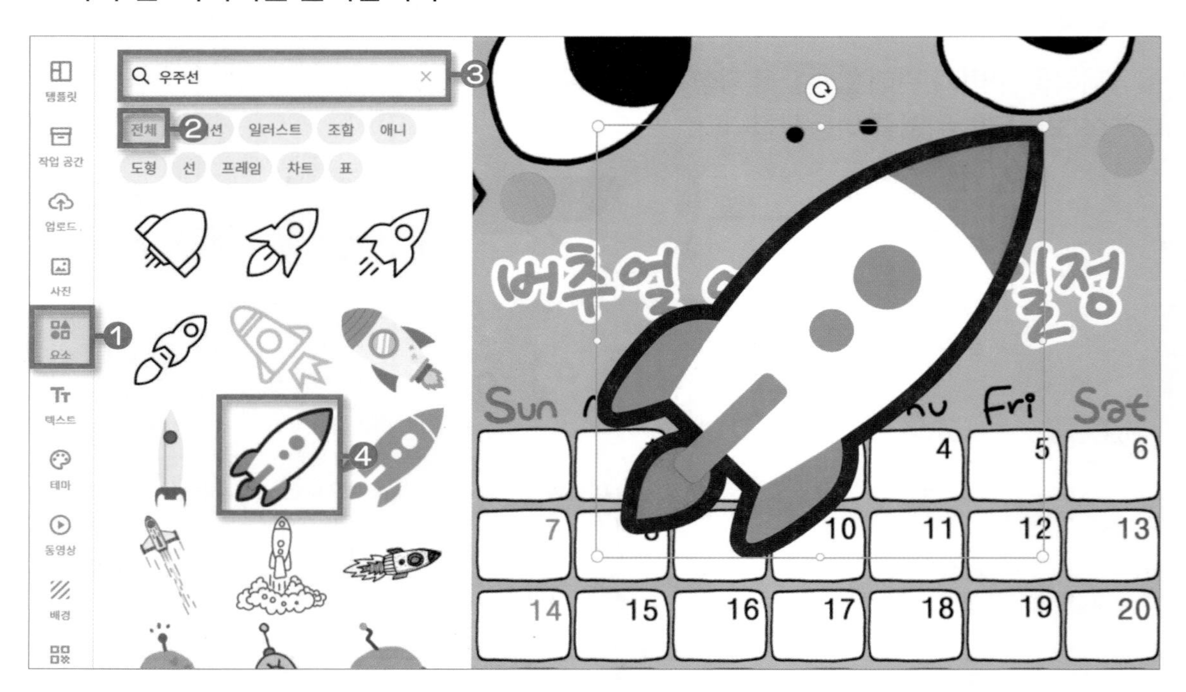

02 » '우주선'의 조절점을 마우스로 드래그하여 크기를 조절한 후, 출발일 칸에 닿는 위치로 이동시킵니다.

03 » 쥐라기·몬스터·스토리 월드의 도착하는 날짜 칸에도 요소 이미지를 검색하여 추가해 봅니다.

4 일정 내용 기록하고 글자 꾸미기

01 » 일정이 정해진 칸에 내용을 기록하기 위해 텍스트 -[제목 텍스트 추가]를 순서대로 클릭하여 '출발'을 입력합니다. 글꼴을 바꾸고(THE에피소드B), 크기를 조절하여 '8' 칸으로 이동시킵니다.

02 » [글자색]-[그라데이션]을 클릭하여 원하는 그라데이션으로 꾸며봅니다.

어드벤처 tip 요소 검색어

우주선, 쥐라기, 몬스터, 어린왕자

03 » 01~02와 같은 방법으로 '쥐라기 어드벤처', '몬스터 어드벤처', '스토리 어드벤처'를 입력한 후 텍스트 상자의 크기와 그라데이션을 자유롭게 바꾸어 봅니다.

04 » 버추얼 어드벤처 일정이 완성되면 제목(버추얼 어드벤처 일정)을 입력하고, 다운로드 - JPG - 빠른 다운로드 버튼을 순서대로 클릭하여 컴퓨터에 저장합니다.

우주선 생활 계획하기

- 생활계획표를 배경으로 추가하기
- 생활계획표에 선 그리기
- 생활계획표 내용 꾸미기
- 생활계획표 내용 입력하기

"모험할 때 타고 갈 우주선에서는 무얼 해야 하지? 할 일을 생활계획표로 만들어 볼까?"
"하루에 한 번은 우주에서 산책을 하고 싶어!"
멤버들과 함께 12시간 동안 우주선에서 할 일을 기획해 생활계획표로 만들어 보세요.

1 생활계획표를 배경으로 추가하기

01 » 크롬( )을 통해 미리캔버스(https://www.miricanvas.com/)에 접속한 후 [바로 시작하기] 버튼을 클릭합니다. 그리고 오른쪽 상단의 [로그인] 버튼을 눌러 정보를 입력한 후 로그인합니다.

02 » [캔버스 사이즈]를 클릭하여 사이즈 종류가 나타나면 [문서 서식]을 클릭합니다.

03 » [업로드] - [업로드] 버튼을 클릭합니다. [예제파일]-[05강] 폴더의 이미지를 미리캔버스로 모두 업로드하기 위해 키보드의 Ctrl + A 키를 누른 후 [열기] 버튼을 클릭합니다.

04 » 업로드된 이미지 중, 생활계획표로 사용할 배경을 찾아 클릭합니다. 캔버스에 추가된 이미지를 마우스 오른쪽 버튼으로 클릭하여 메뉴가 나타나면 [배경으로 만들기]를 선택합니다.

2 생활계획표에 선 그리기

01 » 생활계획표에 선을 그리기 위해 요소 - 선 을 클릭합니다.

02 » [선]에서 첫 번째 선을 클릭하여 캔버스에 '실선'을 추가합니다.

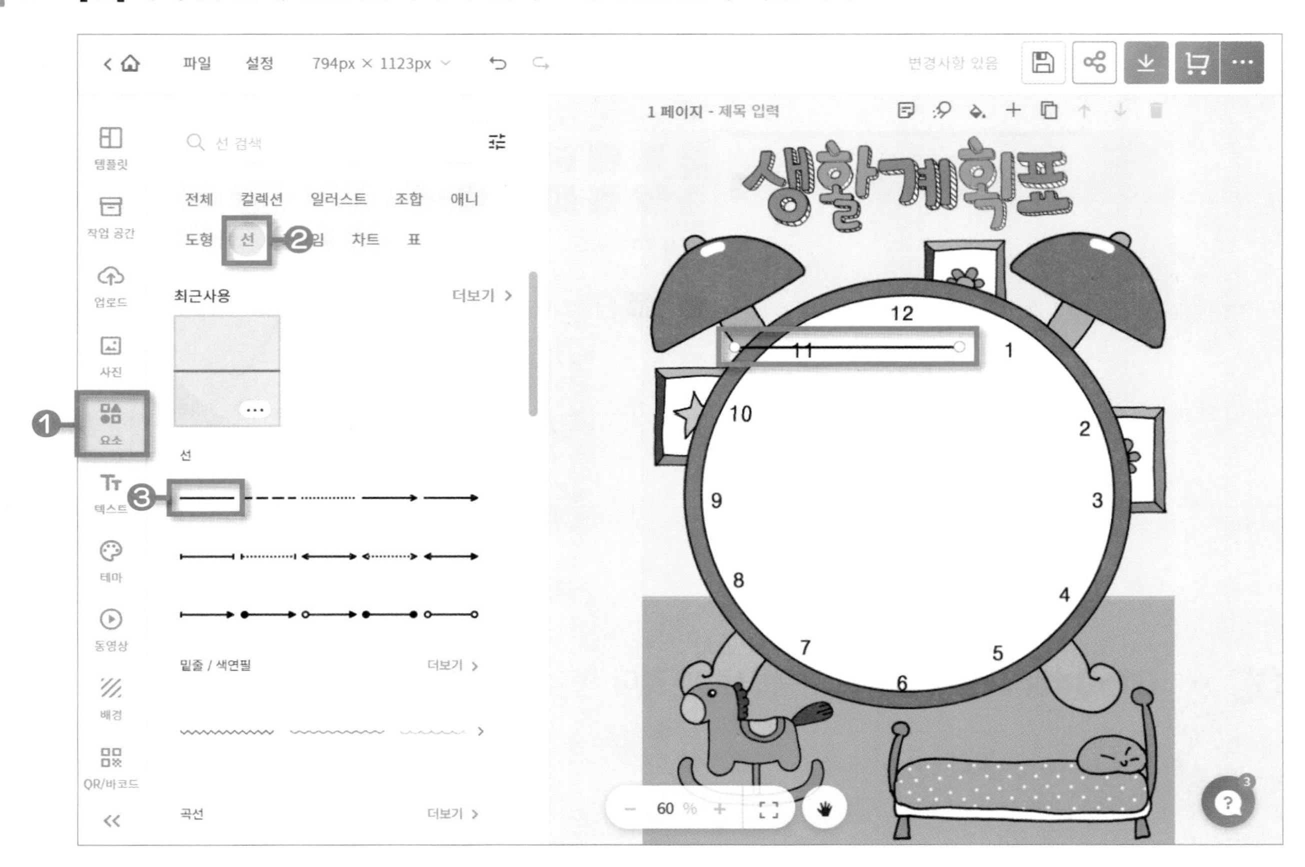

03 » '실선'이 캔버스에 추가되면 '실선'을 가운데 위치로 변경한 후 선 속성에 '가로 크기'와 '회전'을 지정합니다.

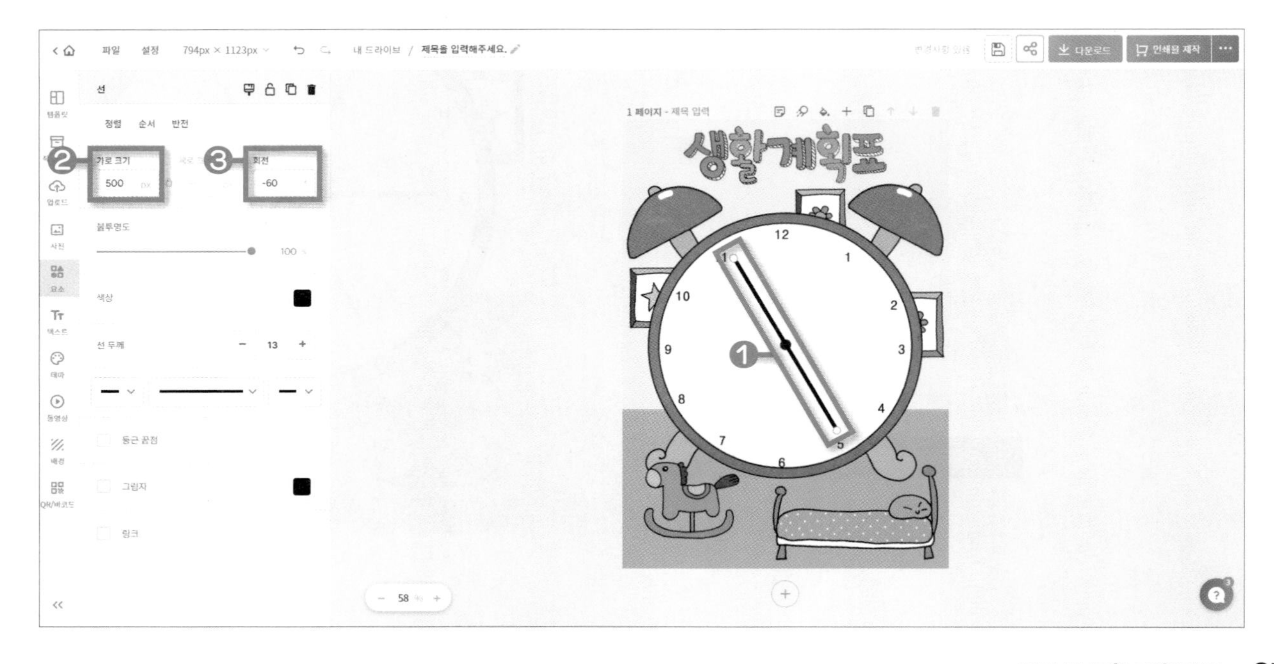

04 » '실선'의 색상을 바꾸기 위해 선 속성에서 [색상]을 클릭하여 빨간색을 선택합니다.

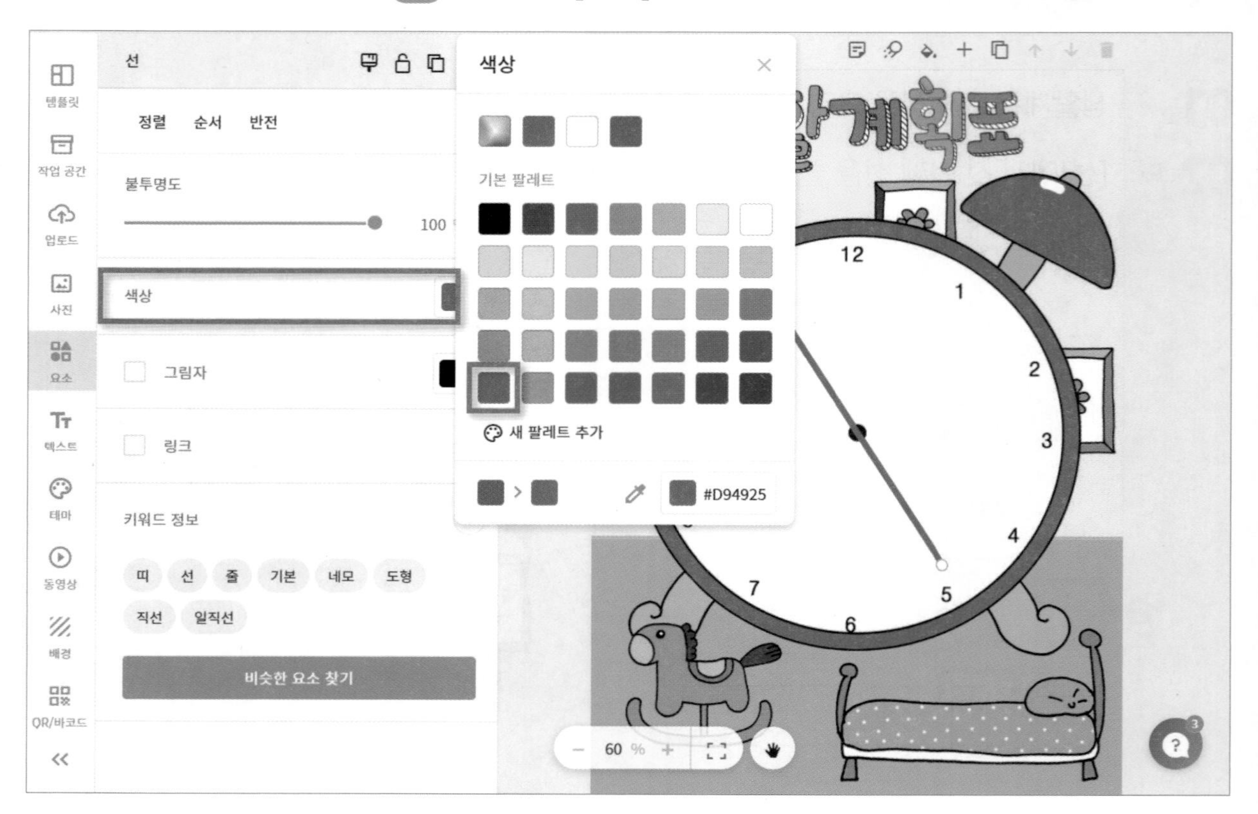

05 » **01~04**과 같은 방법으로 다음 그림과 같이 생활계획표에 '실선'을 추가합니다.

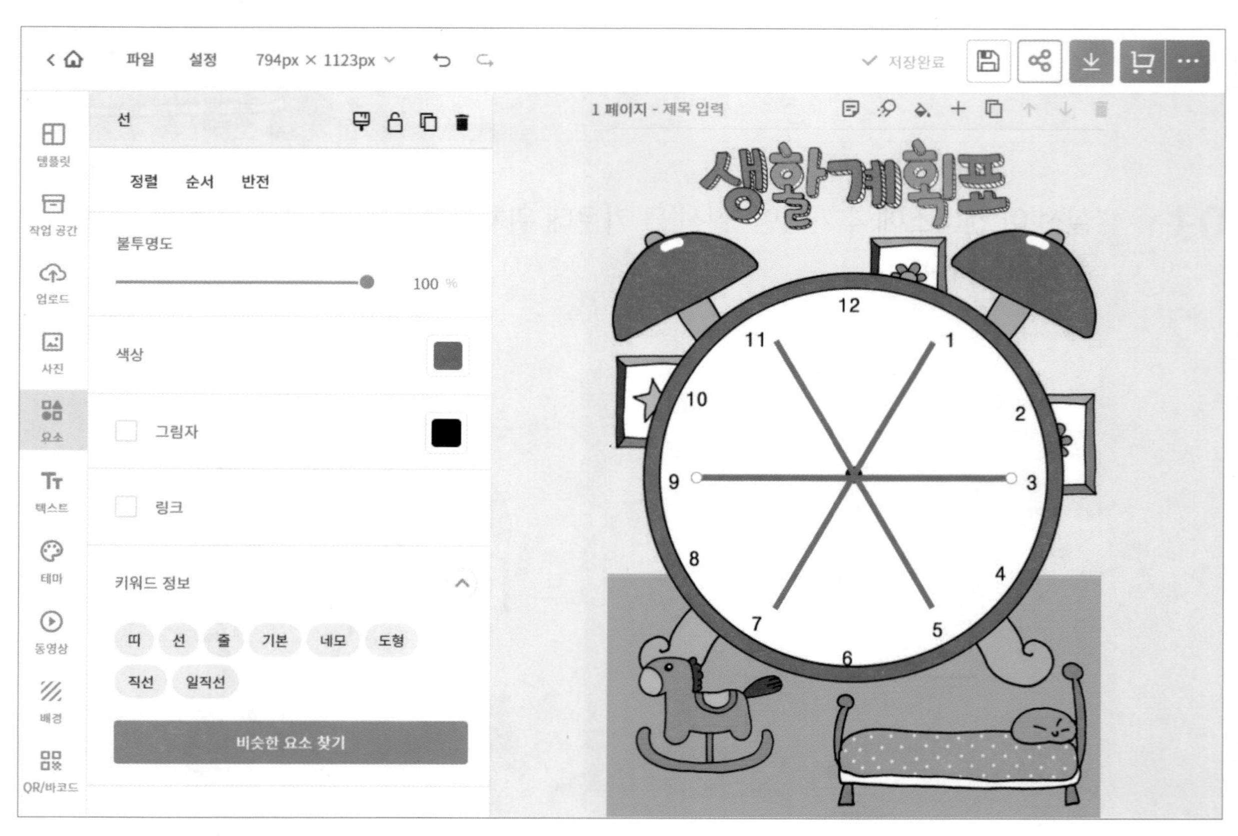

3 생활계획표 내용 꾸미기

01 » 캔버스 화면에서, Ctrl 키를 누른 상태에서 마우스 휠을 앞으로 밀어 캔버스의 크기를 확대합니다.

02 » 추가된 '실선'을 모두 선택하기 위해 '실선'이 그려져 있는 왼쪽 위에서 오른쪽 아래까지 마우스 왼쪽 버튼을 누른 채 대각선으로 드래그합니다.

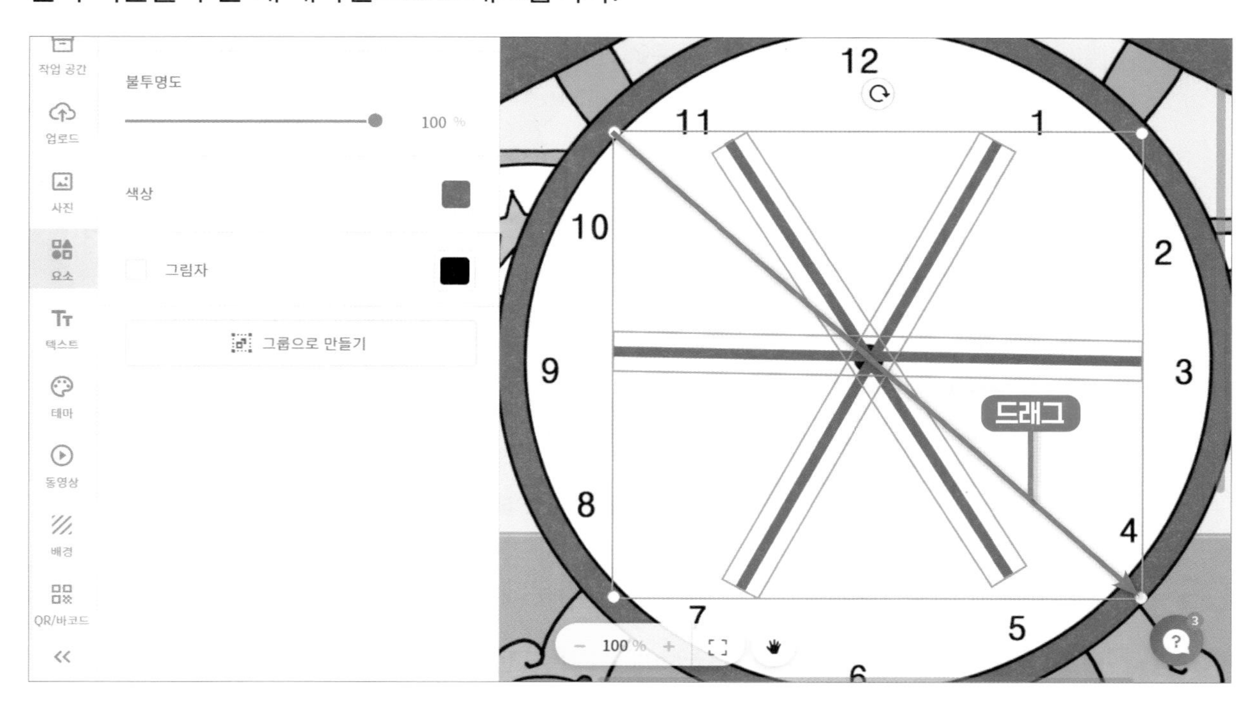

03 » 선택된 '실선'이 움직이지 않도록 마우스 오른쪽 버튼을 클릭하여 메뉴가 나타나면 [잠금]을 선택합니다.

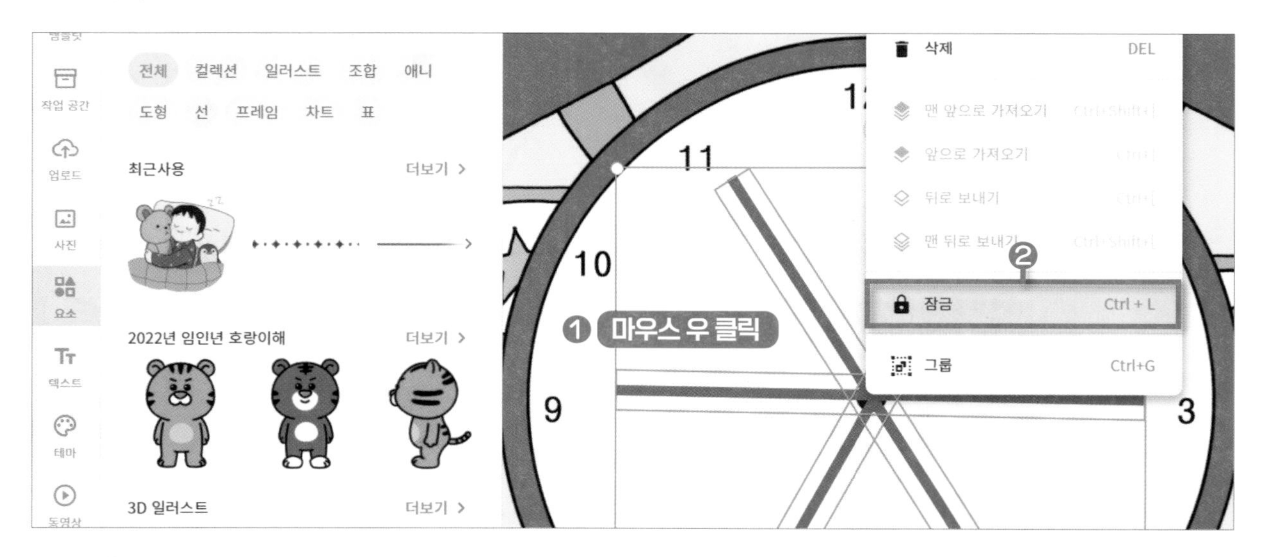

미리캔버스 tip 잠금이란?

캔버스에 추가된 이미지나, 텍스드 등을 '잠금'으로 설정해 놓으면 크기나 위치를 변경할 수 없습니다.

04 » 취침 시간을 생활계획표에 추가하기 위해 **요소** - **전체** 를 선택한 후 '침대'를 검색하여 왕관(![왕관])이 없는 무료 이미지를 캔버스에 추가해 봅니다.

05 » 추가된 이미지의 크기를 조절한 뒤 위치를 '가운데의 위쪽'으로 이동시킵니다.

06 » **04~05**와 같은 방법으로 나머지 칸에도 다음 그림과 같이 무료 이미지를 추가해 봅니다.

07 » 추가한 모든 이미지가 움직이지 않도록 [잠금]을 적용합니다.

어드벤처 tip 요소 검색어

우주, 우주인, 청소, 빵, 영상 통화, 침대

4 생활계획표 내용 입력하기

01 » 생활계획표에 내용을 입력하기 위해 텍스트 -[제목 텍스트 추가]를 순서대로 클릭하여 '우주 산책'을 입력합니다. 크기를 조절하여 이미지와 가까운 위치로 이동시킵니다.

02 » 텍스트 속성에서 [글꼴]과 [글자색]을 바꿉니다.

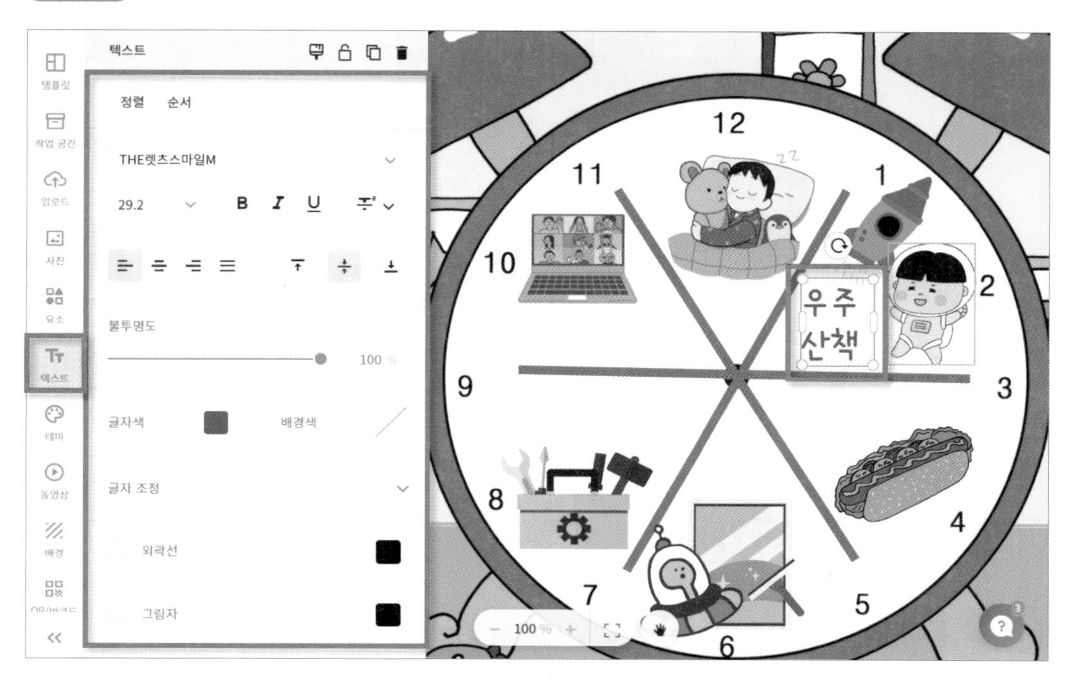

03 » 01~02와 같은 방법으로 '취침 시간', '우주인과 영상통화', '우주선 정비', '우주선 창문닦기', '우주 식사' 텍스트를 추가합니다.

04 » 생활계획표가 완성되면 제목(생활계획표)을 입력하고, 다운로드 - JPG - 빠른 다운로드 버튼을 순서대로 클릭하여 컴퓨터에 저장합니다.

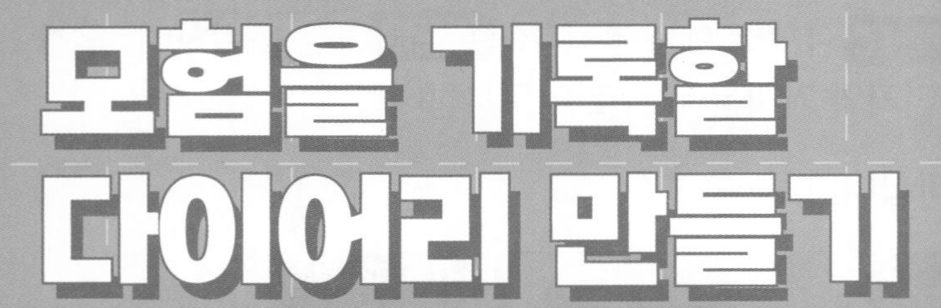

모험을 기록할 다이어리 만들기

- 다이어리 표지 디자인하기
- 다이어리 속지 추가하기
- 다이어리를 컴퓨터에 저장하기

"우리의 모험을 자세하게 기록할 다이어리를 가지고 가면 어떨까?"
"응! 좋아! 다 같이 아이디어를 내서 다이어리를 만들어 보자."
친구들과 함께 모험하며 생긴 일을 기록할 수 있는 다이어리를 디자인해 보아요.

1 다이어리 표지 디자인하기

01 » 크롬( )을 통해 미리캔버스(https://www.miricanvas.com/)에 접속한 후 바로 시작하기 버튼을 클릭합니다. 그리고 오른쪽 상단의 로그인 버튼을 눌러 정보를 입력한 후 로그인합니다.

02 » [캔버스 사이즈]를 클릭하여 사이즈 종류가 나타나면 [프레젠테이션]을 클릭합니다.

03 » 업로드 - 업로드 버튼을 클릭합니다. [예제파일]-[06강] 폴더의 이미지를 미리캔버스에 모두 업로드하기 위해 키보드의 Ctrl + A 키를 누른 후 열기 버튼을 클릭합니다.

04 » 업로드된 이미지 중, 사용할 배경을 찾아 클릭합니다. 캔버스에 추가된 이미지를 마우스 오른쪽 버튼으로 클릭하여 메뉴가 나타나면 [배경으로 만들기]를 선택합니다.

05 » 다이어리 표지에 제목을 입력하기 위해 텍스트 -[제목 텍스트 추가]를 순서대로 클릭하여 '버추얼'을 입력합니다. 그리고 크기를 조절하여 원하는 위치로 이동시킵니다.

06 » 텍스트가 잘 보이도록 텍스트 속성에서 [글꼴], [글자색], [외곽선]을 바꿉니다.

07 » 텍스트 상자의 회전 버튼( )을 마우스로 드래그하여 텍스트 상자의 방향을 회전시킵니다.

08 » **05~07**과 같은 방법으로 다이어리 제목(버추얼 어드벤처 다이어리)을 입력하여 완성합니다.

어드벤처 tip

다이어리 표지에 설명글을 추가하고 싶다면 텍스트 -[본문 텍스트 추가]를 이용하여 입력한 후, 텍스트 속성에서 [글꼴], [글자색], [외곽선] 등을 바꾸어 봅니다.

2 다이어리 속지 추가하기

01 » 다이어리 속지를 만들기 위해 1페이지 상단에 [새 페이지 추가(+)] 버튼을 클릭하여 새로운 페이지를 추가합니다.

02 » 페이지가 추가되면 업로드 에서 '달력' 이미지를 찾아 클릭합니다.

03 » 캔버스에 추가된 이미지를 마우스 오른쪽 버튼으로 클릭하여 메뉴가 나타나면 [배경으로 만들기]를 선택합니다.

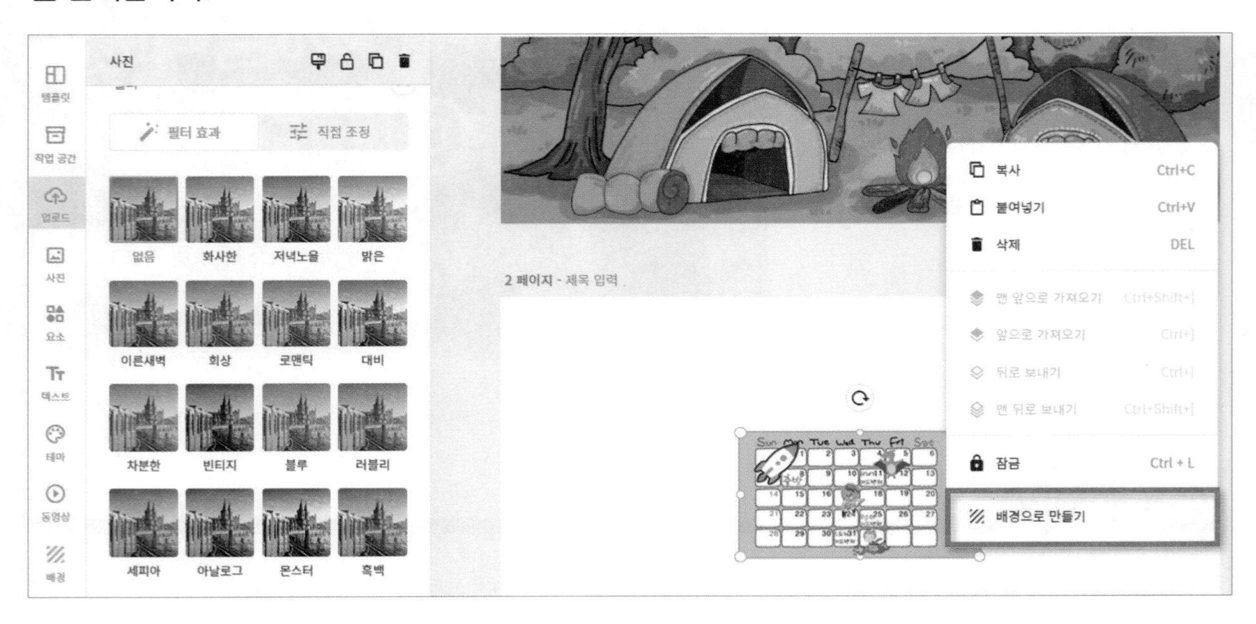

04» 시간표를 추가하기 위해 페이지 상단에 [새 페이지 추가(+)] 버튼을 클릭하여 새로운 페이지를 추가합니다.

05 » 페이지가 추가 되면 업로드 에서 '시간표' 이미지를 찾아 클릭합니다.

06 » 캔버스에 추가된 이미지를 마우스 오른쪽 버튼으로 클릭하여 메뉴가 나타나면 [배경으로 만들기]를 클릭합니다.

07 » 배경 이미지가 화면을 벗어날 경우 배경을 더블 클릭하여 이미지의 크기를 조절한 후 ✓ 체크를 클릭합니다.

08 » 다이어리에 여러 장의 시간표를 추가하기 위해 페이지 상단에 페이지 복제(⧉)를 클릭합니다.

어드벤처 tip

시간표는 필요한 페이지 만큼 복제합니다.

09 » 04~06과 같은 방법으로 '메모지'도 추가해 봅니다.

10 » 메모지에 선을 추가하기 위해 요소 - 선 을 순서대로 클릭한 후 '점선'을 선택하여 위치를 변경합니다.

11 » 캔버스에 추가된 '점선'의 오른쪽 조절점을 드래그하여 '점선'을 오른쪽으로 늘린 후 선 속성에 [선 두께]를 변경합니다.

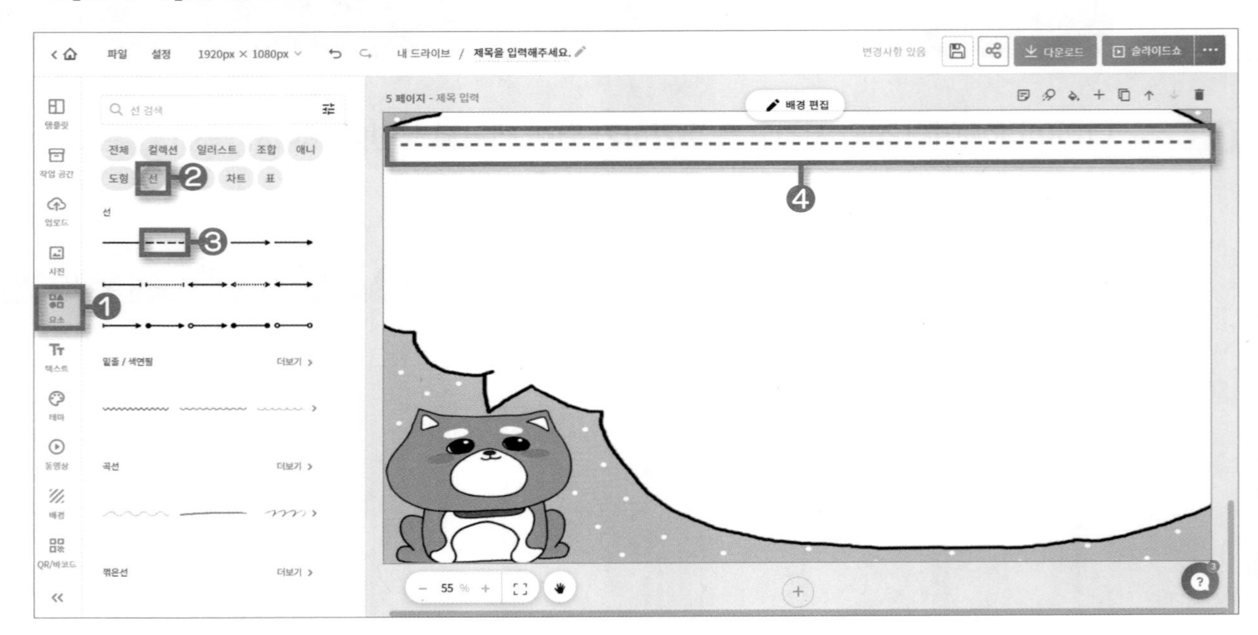

미리캔버스 tip 선 늘리는 방법

12 » **11**과 같은 방법으로 다음 그림과 같이 메모지에 '점선' 여러 줄을 추가합니다.

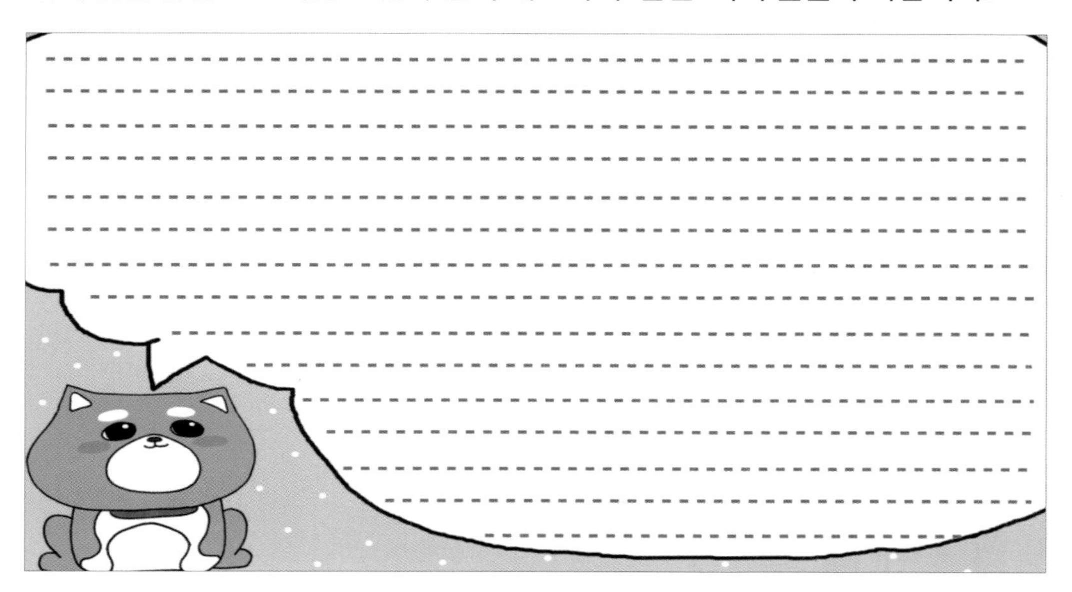

13 » **04~06**과 같은 방법으로 새로운 페이지를 추가한 후, 속지를 더 만들어 봅니다.

3 다이어리를 컴퓨터에 저장하기

01 » 다이어리가 완성되면 제목(다이어리)을 입력하고, **다운로드** - **PPT** 버튼을 순서대로 클릭합니다. 그리고 PPT 옵션[통 이미지(빠른 다운로드)]을 선택하고, **다운로드** 버튼을 클릭하여 컴퓨터에 저장합니다.

미리캔버스 tip PPT 옵션 메뉴 알아보기

- **개별 요소 이미지화** : 이미지와 텍스트가 모두 개별 이미지로 저장됩니다.
- **텍스트 편집 가능** : 파일을 다운로드하여 텍스트를 편집할 수 있습니다.
- **통 이미지(빠른 다운로드)** : 이미지와 텍스트가 모두 하나의 이미지로 저장됩니다.

출발 전 기념사진 찍기

모험을 할 모든 준비를 마친 친구들이 우주선 앞에 모였어요. 출발 전에 구들의 모습을 담은 기념사진을 찍어 볼까요?

1 모험 직전의 장면을 요소로 꾸미기

01 » 크롬( )을 통해 미리캔버스(https://www.miricanvas.com/)에 접속한 후 바로 시작하기 버튼을 클릭합니다. 그리고 오른쪽 상단의 로그인 버튼을 눌러 정보를 입력한 후 로그인합니다.

02 » [캔버스 사이즈]를 클릭하여 사이즈 종류가 나타나면 [프레젠테이션]을 클릭합니다.

03 » 버추얼 어드벤처 출발 전 단체 사진을 기념으로 남기기 위해 요소 에서 '언덕, 구름, 태양, 로켓'의 이미지를 검색하여 왕관( )이 없는 무료 이미지를 이용하여 배경 장면을 완성합니다.

04 » 캔버스에 추가된 이미지가 움직이지 않게 하기 위해 마우스 왼쪽 버튼을 누른 채 대각선으로 드래그하여 이미지를 모두 선택합니다. 그리고 마우스 오른쪽 버튼을 눌러 메뉴가 나타나면 [잠금]을 클릭합니다.

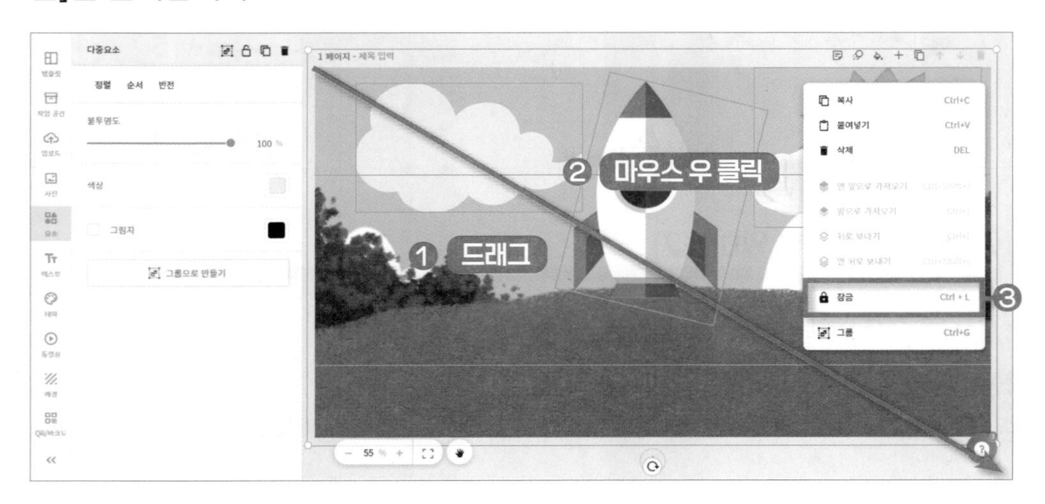

2 장면에 멤버들의 얼굴 추가하기

01 » 업로드 - 업로드 버튼을 클릭합니다. [예제파일]-[빅01] 폴더의 이미지를 모두 미리캔버스로 업로드하기 위해 키보드의 Ctrl + A 키를 누른 후 열기 버튼을 클릭합니다.

02 » 업로드 에서 머리카락, 얼굴형, 눈, 입 등의 이미지를 자유롭게 선택하여 다섯 명의 멤버 얼굴을 만들어 봅니다.

미리캔버스 tip 이미지 순서 바꾸기

이미지를 선택한 후 마우스 오른쪽 버튼을 클릭하면 나타나는 메뉴에서 이미지 순서를 바꿀 수 있습니다.

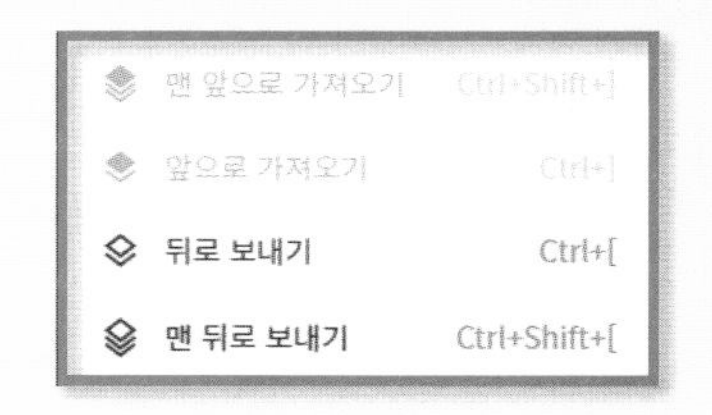

03 » 캔버스에 추가된 멤버들의 얼굴이 움직이지 않게 하기 위해 마우스 왼쪽 버튼을 누른 채 대각선으로 드래그하여 얼굴 이미지를 모두 선택합니다. 그리고 마우스 오른쪽 버튼을 클릭하여 메뉴가 나타나면 [잠금]을 선택합니다.

3 기록하고 싶은 내용을 텍스트로 입력하기

01 » 텍스트를 입력하기 위해 텍스트 - [제목 텍스트 추가]를 순서대로 클릭합니다.

02 » 텍스트 상자에 '버추얼 어드벤처 여행 시작!'을 입력하고 크기를 조절합니다.

03 » 텍스트 속성에서 [글꼴], [글자색], [외곽선], [그라데이션] 등을 이용하여 텍스트를 꾸며 봅니다.

04 » 텍스트 상자의 회전 버튼(⟳)을 마우스로 드래그하여 텍스트 상자의 방향을 회전시켜 봅니다.

05 » 단체 기념사진이 완성되면 제목(단체사진)을 입력하고, 다운로드 - JPG - 빠른 다운로드 버튼을 순서대로 클릭하여 컴퓨터에 저장합니다.

쥐라기 어드벤처

공룡 탐험대가 되어 공룡이 사는 쥐라기 월드를
소개하자!

귀여운 공룡이 살고 있는 쥐라기 월드에 도착! 두근두근!

친구들은 귀여운 공룡을 만날 수 있다는 사실에 가슴이 두근거렸어요. 우주선에서 내리자마자 바로 쥐라기 월드 탐험을 시작했지요. 그런데 다른 친구들이 보이지 않았어요. “왜 우리밖에 없을까?” 하고 두리번거리고 있는데 안내원께서 쥐라기 월드가 널리 잘 알려지지 않아서 그렇다고 설명해 주셨어요. “홍보가 안 됐다고요? 그럼 우리가 도와줄 게요.”

07 포스터

08 관람 시간표

09 관람 티켓

10 편지지

11 영상 기록지

12 판매 현황 기입장

빅 02 로고

쥐라기 월드 포스터 만들기

학습목표

- 포스터에 어울리는 배경 추가하기
- 쥐라기 월드 모습 표현하기
- 포스터 제목을 눈에 띄게 꾸미기

쥐라기 월드를 둘러본 수민이와 친구들은 회의를 시작했어요.
"우선, 쥐라기 월드를 소개할 수 있는 포스터를 제작하자."
"좋아! 쥐라기 월드를 널리 소개할 물품도 만들어서 다른 행성에 보내자!"
다른 행성에 쥐라기 월드를 소개할 포스터를 디자인해 보아요.

1 포스터에 어울리는 배경 추가하기

01 » 크롬( )을 통해 미리캔버스(https://www.miricanvas.com/)에 접속한 후 바로 시작하기 버튼을 클릭합니다. 그리고 오른쪽 상단의 로그인 버튼을 눌러 정보를 입력한 후 로그인합니다.

02 » [캔버스 사이즈]를 클릭하여 사이즈 종류가 나타나면 [문서 서식]을 클릭합니다.

03 » 캔버스에 배경을 넣기 위해 배경 메뉴에서 '잔디'를 검색합니다.

04 » 검색된 배경 중에 왕관( )이 없는 무료 '잔디' 이미지를 클릭합니다.

미리캔버스 tip

배경 메뉴에 있는 이미지와 사진을 선택하면 [배경 만들기]가 자동으로 설정됩니다.

2 쥐라기 월드 모습 표현하기

01 » 요소 에서 '공룡'을 검색한 후 무료로 제공되는 공룡 3개를 클릭하여 캔버스에 추가합니다.

02 » 다음 그림처럼 공룡 이미지의 크기를 조절한 후 위치를 이동시킵니다.

03 » 마우스 왼쪽 버튼을 누른 채 대각선으로 드래그하여 공룡 이미지 전체를 선택합니다.

04 » 공룡 이미지가 움직이지 않도록 마우스 오른쪽 버튼을 눌러 [잠금]을 클릭합니다.

3 포스터 제목을 눈에 띄게 꾸미기

01 » 포스터의 제목을 잘 보이게 꾸미기 위해 텍스트 에서 [스타일]을 클릭합니다.

02 » [로고/타이틀]에서 마음에 드는 텍스트 모양을 찾아 클릭합니다.

03 » 텍스트의 조절점을 마우스로 드래그하여 크기를 조절한 후 위치를 '위쪽'으로 이동시킵니다.

텍스트 스타일은 텍스트의 글꼴과 색상, 외곽선 등이 만들어져 있는 완성형 텍스트입니다.

04 » 텍스트를 편집하기 위해 캔버스에 추가된 텍스트 스타일을 마우스 오른쪽 버튼으로 클릭하여 [그룹해제]를 클릭합니다.

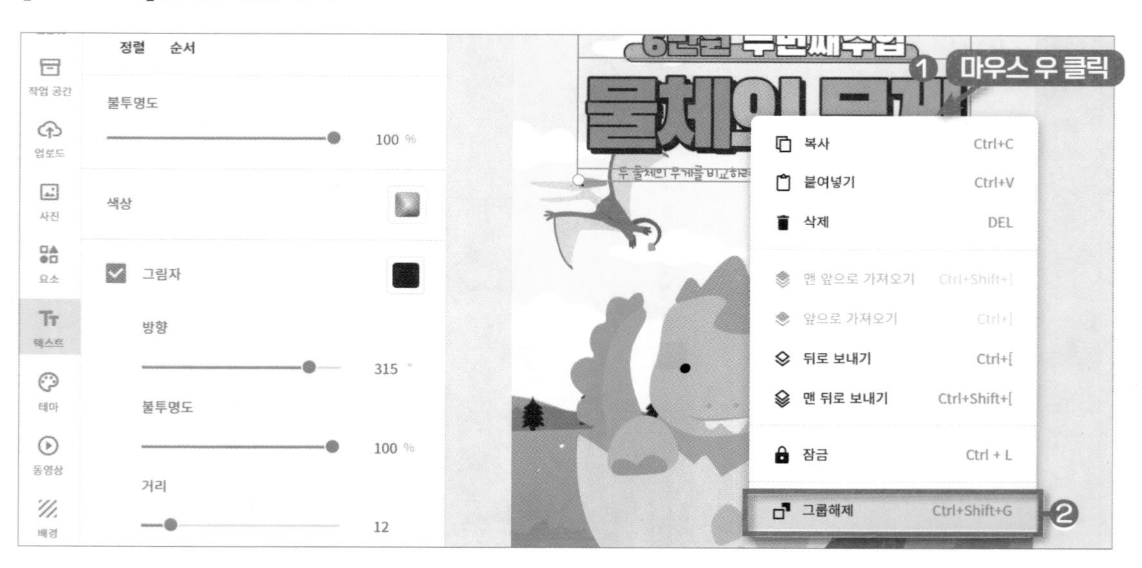

[그룹해제]는 그룹으로 묶여 있는 텍스트를 풀어서 삭제하거나 수정할 수 있게 해 주는 기능입니다.

05 » '텍스트'를 더블 클릭하여 '귀여운 친구들이 기다리고 있는', '쥐라기 월드'를 입력한 후 조절점을 드래그하여 크기를 조절합니다. 그리고 [텍스트] 속성에서 '글자색'을 바꿉니다.

06 » 불필요한 '텍스트'는 마우스 오른쪽 버튼을 눌러 [삭제]를 클릭합니다.

미리캔버스 tip **텍스트 상자 가로 크기 조절하는 방법**

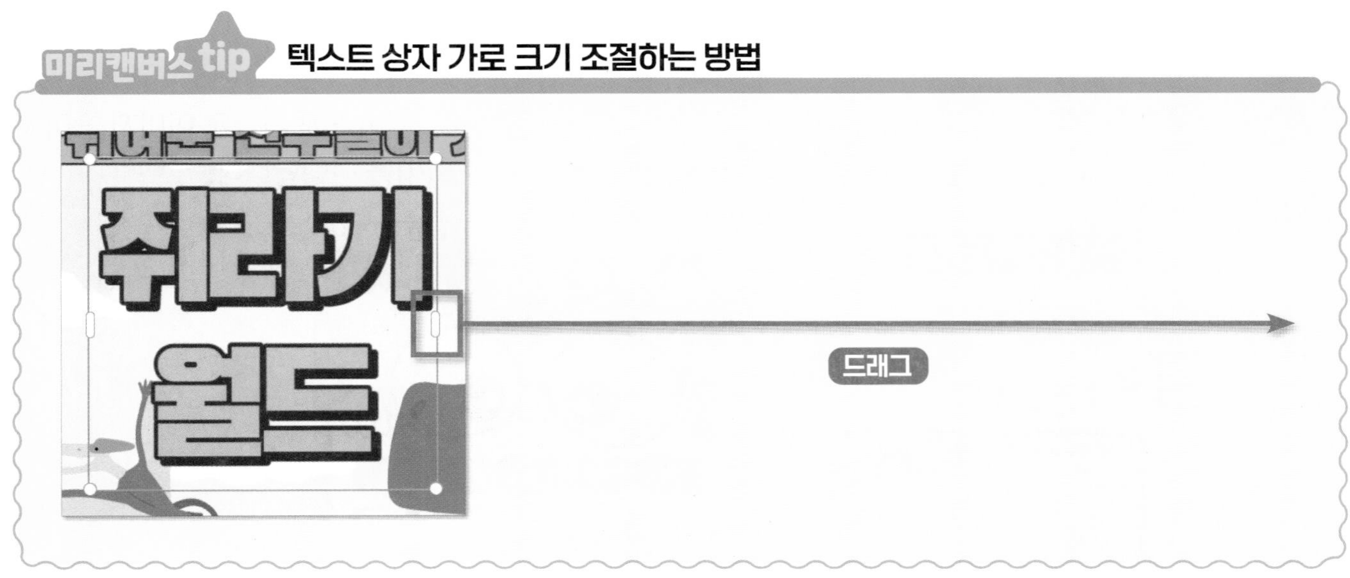

07 » 포스터가 완성되면 제목(포스터)을 입력하고, 다운로드 - JPG - 빠른 다운로드 버튼을 클릭하여 컴퓨터에 저장합니다.

08

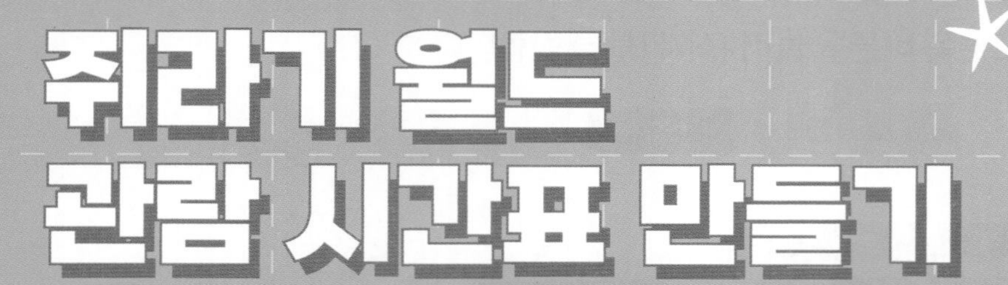

▶ 시간표의 배경 추가하기
▶ 시간별로 관람할 수 있는 콘텐츠 입력하기

친구들은 쥐라기 월드에서 '공룡 먹이주기' 체험을 하고 싶어서 찾아갔는데, 체험 시간이 지났다고 해서 매우 아쉬웠어요. "쥐라기 월드의 방문객들이 체험할 수 있는 콘텐츠가 한눈에 잘 보이게 시간표를 만들면 좋겠다!"
쥐라기 월드의 콘텐츠를 관람할 수 있는 시간을 정리하여 시간표로 만들어 보아요.

1 시간표의 배경 추가하기

01 » 크롬( )을 통해 미리캔버스(https://www.miricanvas.com/)에 접속한 후 바로 시작하기 버튼을 클릭합니다. 그리고 오른쪽 상단의 로그인 버튼을 눌러 정보를 입력한 후 로그인합니다.

02 » [캔버스 사이즈]를 클릭하여 사이즈 종류가 나타나면 [문서 서식]을 클릭합니다.

03 » 업로드 - 업로드 버튼을 클릭합니다. [예제파일]-[08강] 폴더의 이미지를 미리캔버스로 모두 업로드하기 위해 키보드의 Ctrl + A 키를 누른 후 열기 버튼을 클릭합니다.

04 » 업로드된 이미지 중, 시간표로 사용할 배경을 찾아 클릭합니다. 캔버스에 추가된 이미지를 마우스 오른쪽 버튼으로 클릭하여 메뉴가 나타나면 [배경으로 만들기]를 선택합니다.

2 시간별로 관람할 수 있는 콘텐츠 입력하기

01 » 캔버스 화면에서 Ctrl 키를 누른 채 마우스 휠을 앞으로 밀어 캔버스의 크기를 확대합니다.

02 » 텍스트 - [제목 텍스트 추가]를 클릭하여 '상상놀이터'를 입력합니다.

03 » 텍스트 속성에서 '글꼴', '글자크기', '글자색'을 설정한 후 위치를 첫째 칸으로 이동시킵니다

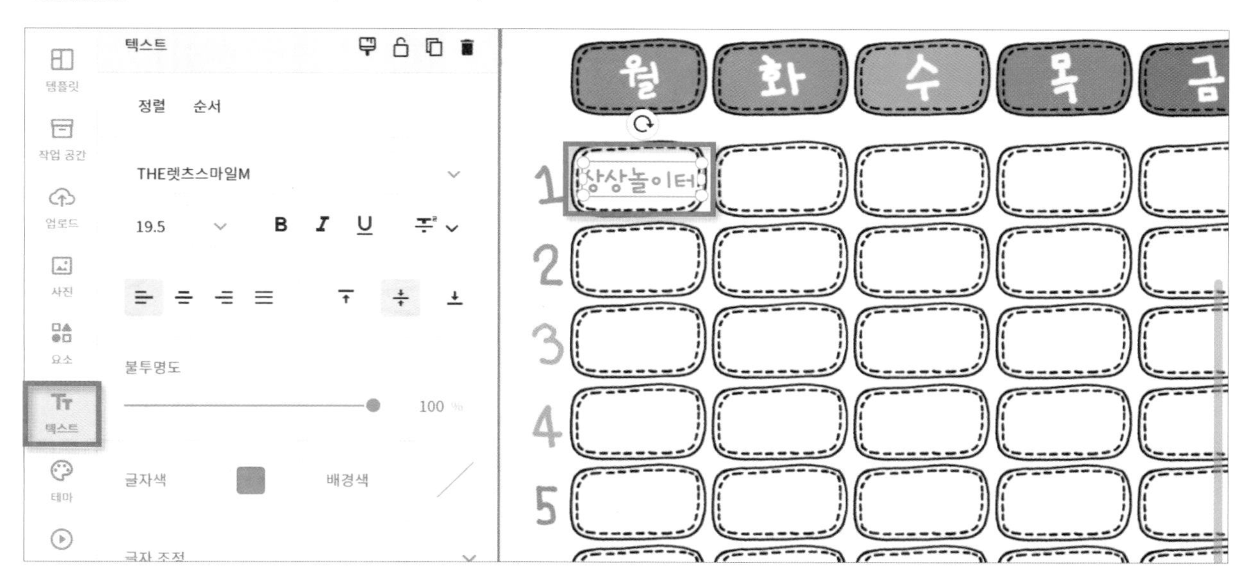

미리캔버스 tip 텍스트 박스 위치 미세 조정하기

텍스트 박스를 선택한 후 키보드의 방향키(← ↑ ↓ →)를 누르면 텍스트 박스의 위치를 미세하게 조절할 있습니다. 박스를 살짝 또는 조금 이동할 때 사용하면 좋습니다.

04 » 02~03과 같은 방법으로 월요일 2교시 시간표에 '공룡먹이주기'를 입력합니다.

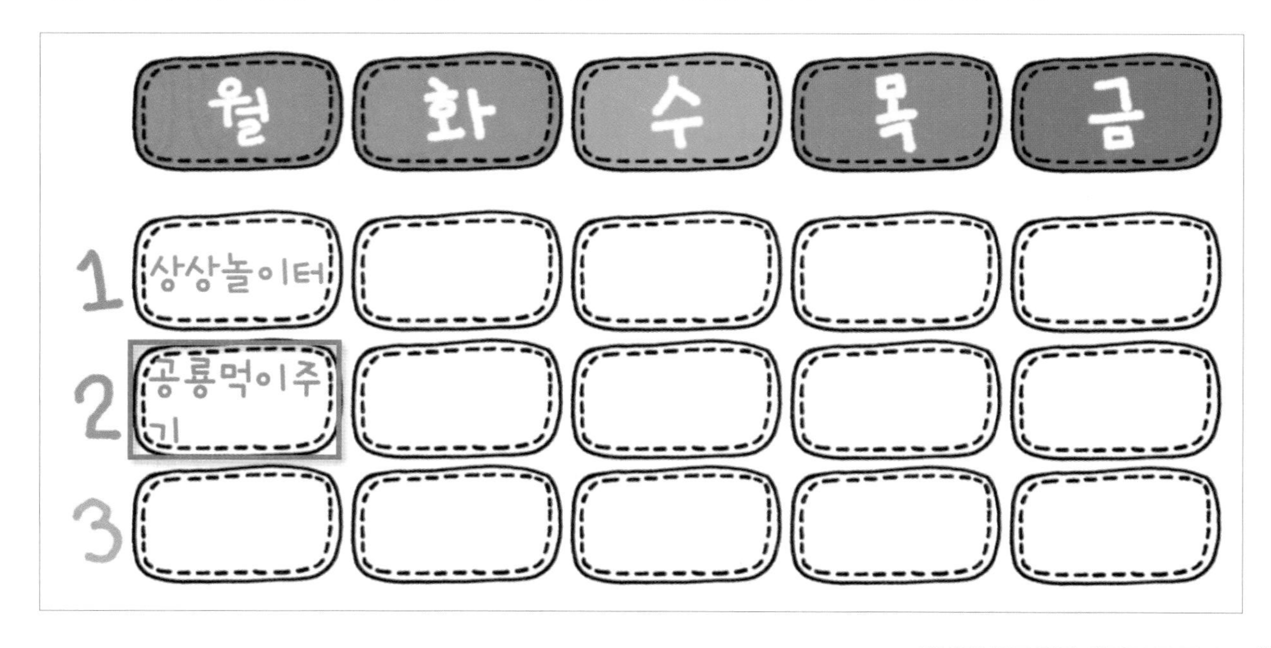

05 » '공룡먹이주기'를 두 줄로 입력하기 위해 '텍스트'를 더블클릭한 후 '공룡' 글자 뒤를 클릭하여 커서를 이동시킵니다.

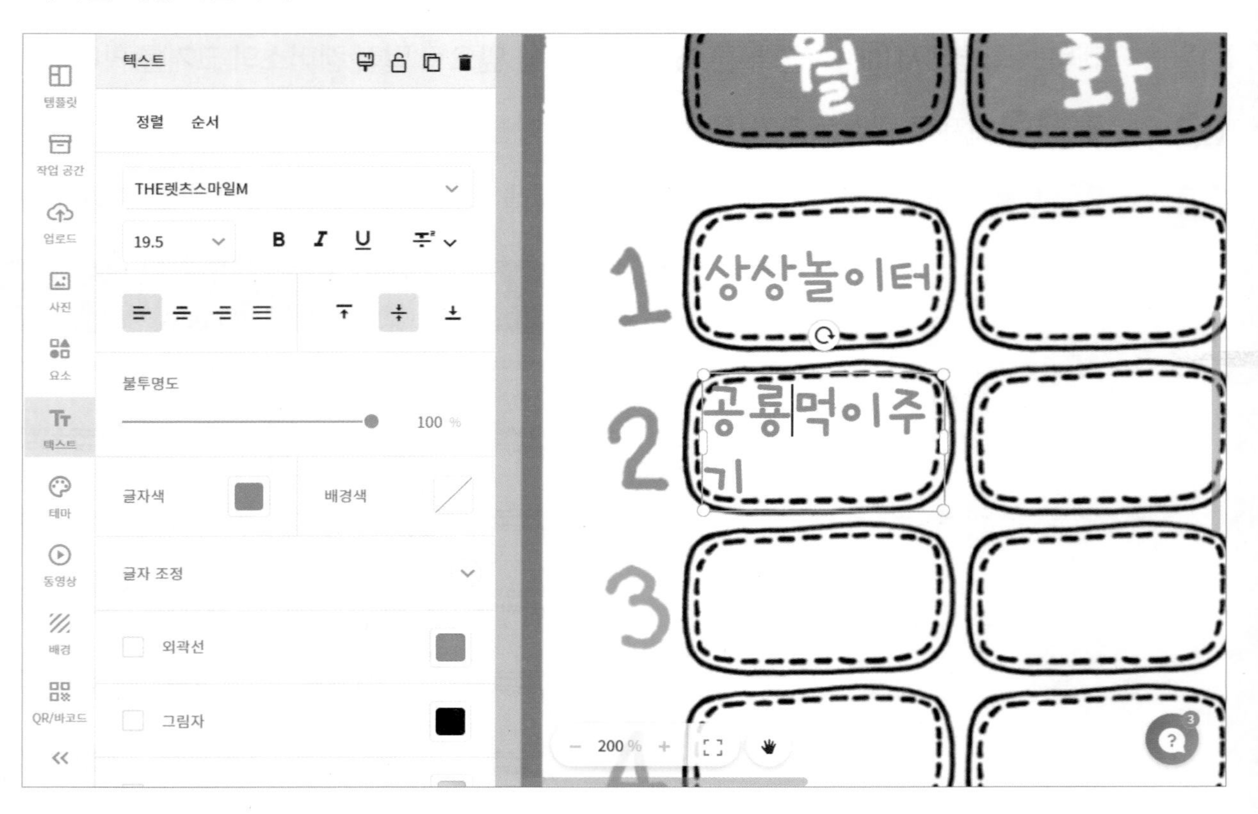

06 » 커서가 '공룡' 글자 뒤로 옮겨지면 키보드에서 Enter↵ 키를 누릅니다.

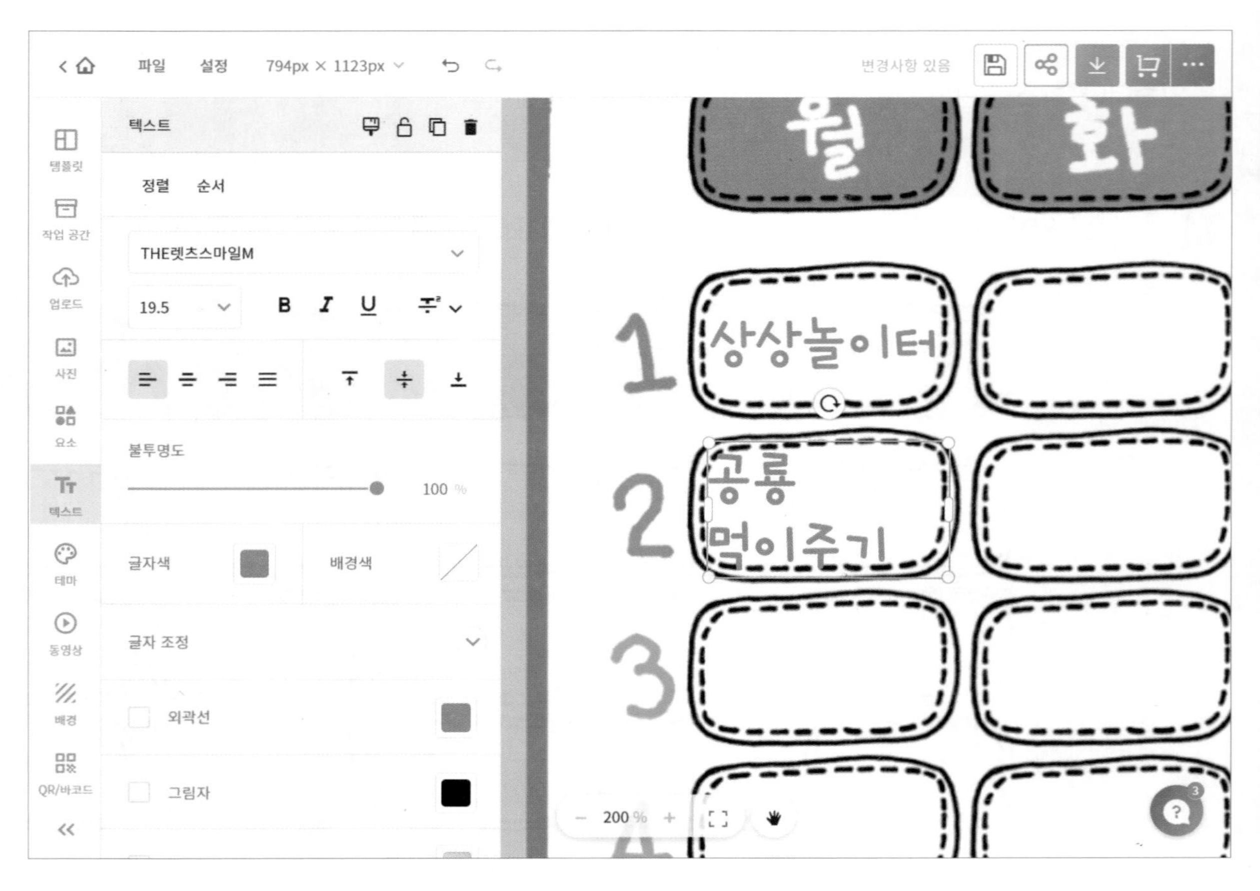

07 » '정렬'을 바꾸기 위해 '공룡 먹이주기' 텍스트 상자를 선택한 후 텍스트 속성에서 [가운데 정렬]을 클릭합니다.

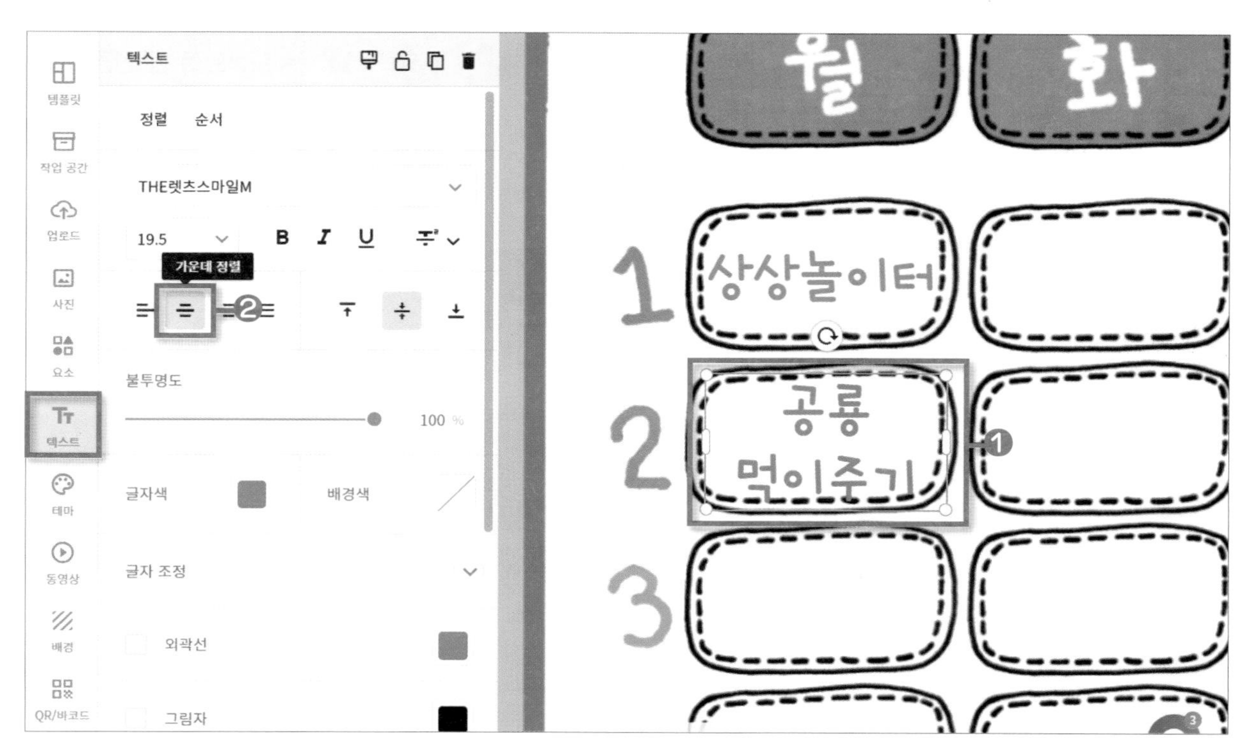

08 » 02~07과 같은 방법으로 나머지 내용도 시간표에 입력해 주세요.

09 » 시간표가 완성되면 제목(관람 시간표)을 입력하고, 다운로드 - JPG - 빠른 다운로드 버튼을 순서대로 클릭하여 컴퓨터에 저장합니다.

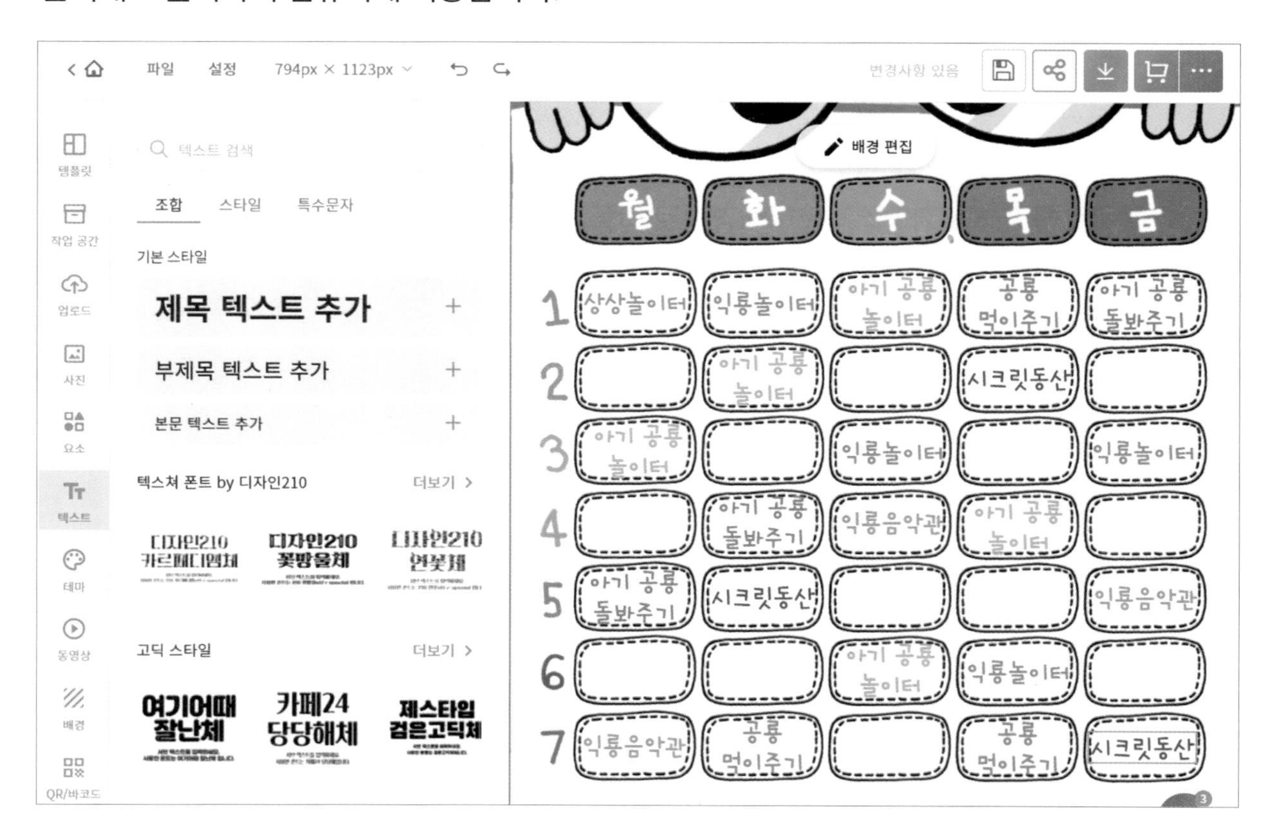

09

쥐라기 월드 관람 티켓 만들기

학습목표

- 티켓 '틀' 배경으로 추가하기
- 도형으로 '칸' 만들기
- 티켓 이름 입력하기
- 티켓 이름과 어울리는 이미지 추가하기

"포스터와 관람 시간표가 준비됐으니 관람 티켓을 예쁘게 디자인해 볼까?"
"좋은 생각이야! 무료 관람 티켓을 만들어 사람들에게 나누어 주어도 좋겠다."
쥐라기 월드의 귀여운 공룡 이미지를 이용하여 티켓을 디자인해 보아요.

1 티켓 '틀' 배경으로 추가하기

01 » 크롬( )을 통해 미리캔버스(https://www.miricanvas.com/)에 접속한 후 바로 시작하기 버튼을 클릭합니다. 그리고 오른쪽 상단의 로그인 버튼을 눌러 정보를 입력한 후 로그인합니다.

02 » [캔버스 사이즈]를 클릭하여 사이즈 종류가 나타나면 [문서 서식]을 클릭합니다.

03 » 업로드 - 업로드 버튼을 클릭합니다. [예제파일]-[09강]에서 '티켓 틀' 이미지를 선택한 후 열기 버튼을 클릭합니다.

04 » 업로드된 '티켓 틀'을 클릭합니다. 캔버스에 추가된 '티켓 틀' 이미지를 마우스 오른쪽 버튼으로 클릭하여 메뉴가 나타나면 [배경으로 만들기]를 선택합니다.

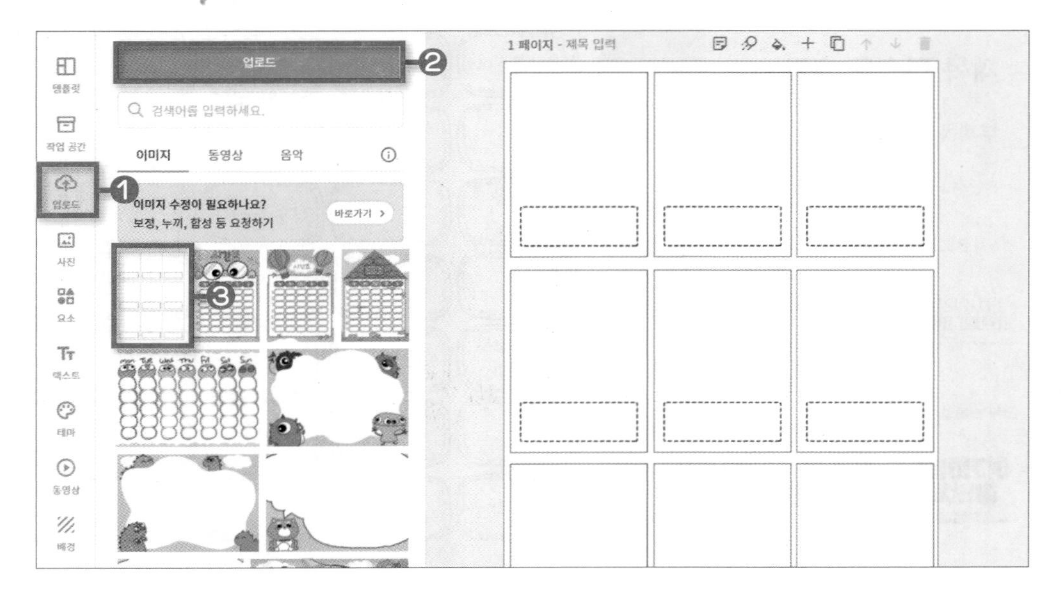

2 도형으로 '칸' 만들기

01 » 티켓 이름이 잘 보이도록 요소 에서 도형 을 선택한 후 [기본 도형]에서 '사각형'을 클릭합니다.

02 » 사각형의 조절점을 드래그하여 칸에 맞게 크기와 위치를 조절합니다.

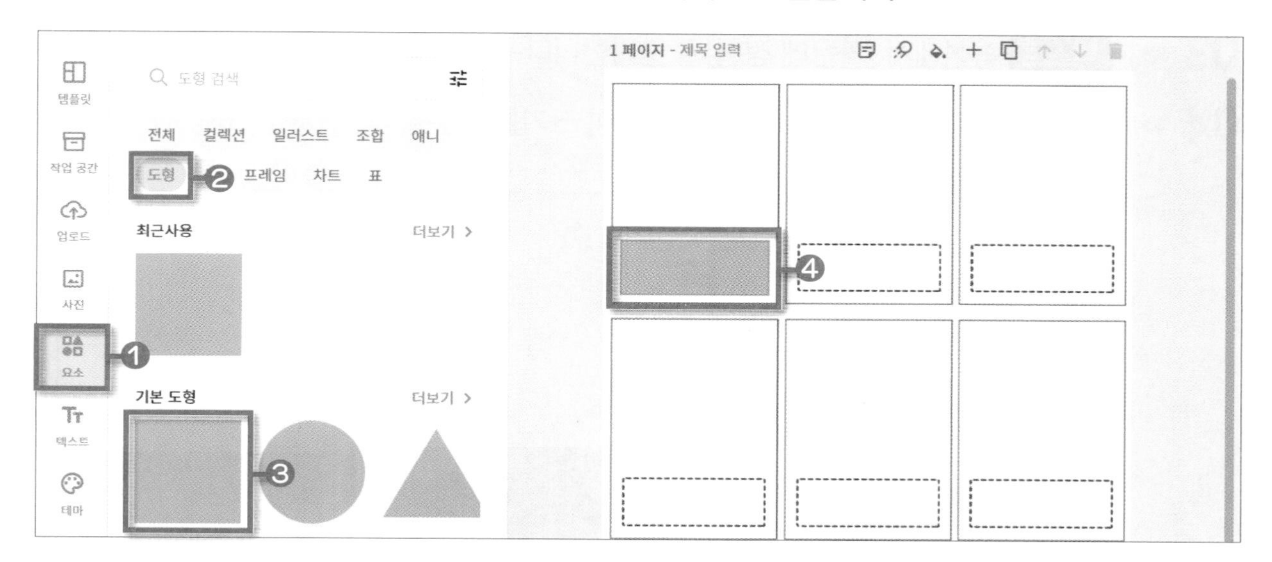

03 » 캔버스에 있는 도형을 선택하면 나타나는 도형 속성의 [색상]에서 원하는 색상을 클릭합니다.

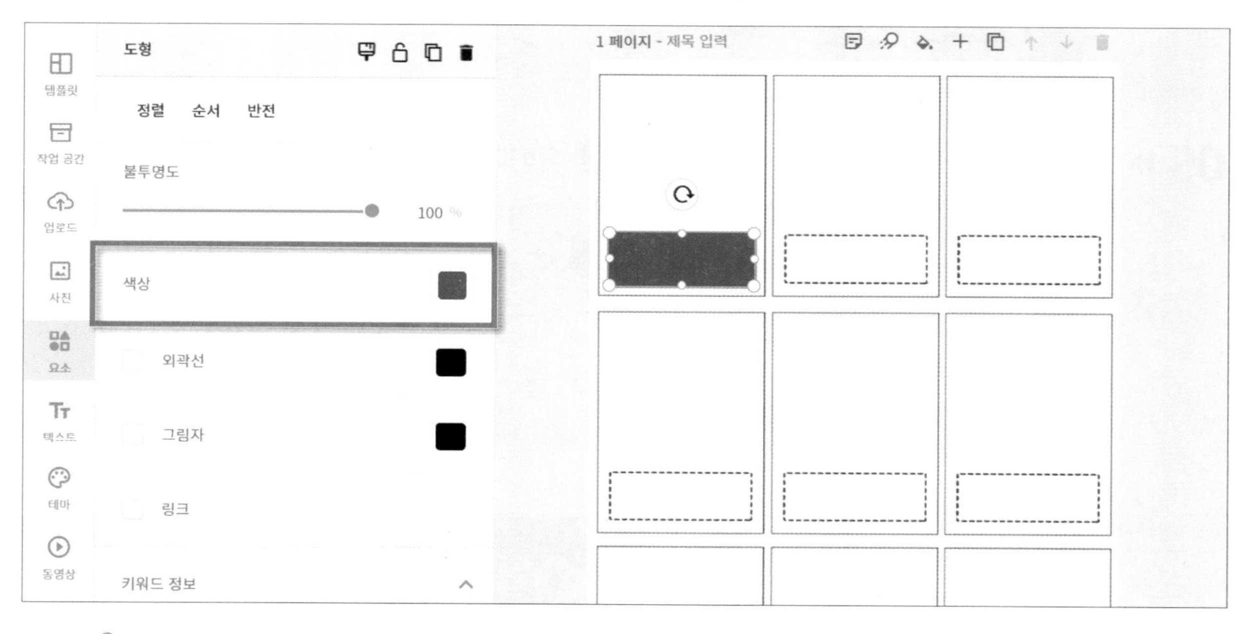

요소에서 사용하는 도형은 속성을 통해 색상, 외곽선, 그림자 등을 바꿀 수 있습니다.

04 » 01~03과 같은 방법으로 티켓의 전체 칸에 사각형 도형을 추가합니다.

3 티켓 이름을 입력하기

01 » 캔버스 화면에서 Ctrl 키를 누른 채 마우스 휠을 앞으로 밀어 캔버스의 크기를 확대합니다.

02 » 텍스트 -[제목 텍스트 추가]를 클릭하여 '상상 놀이터'를 2줄로 입력합니다.

03 » 텍스트 속성에서 [가운데 정렬]을 클릭합니다.

04 » '텍스트'의 조절점을 마우스로 드래그하여 크기를 조절한 후, 위치를 '도형 위'로 이동시킵니다.

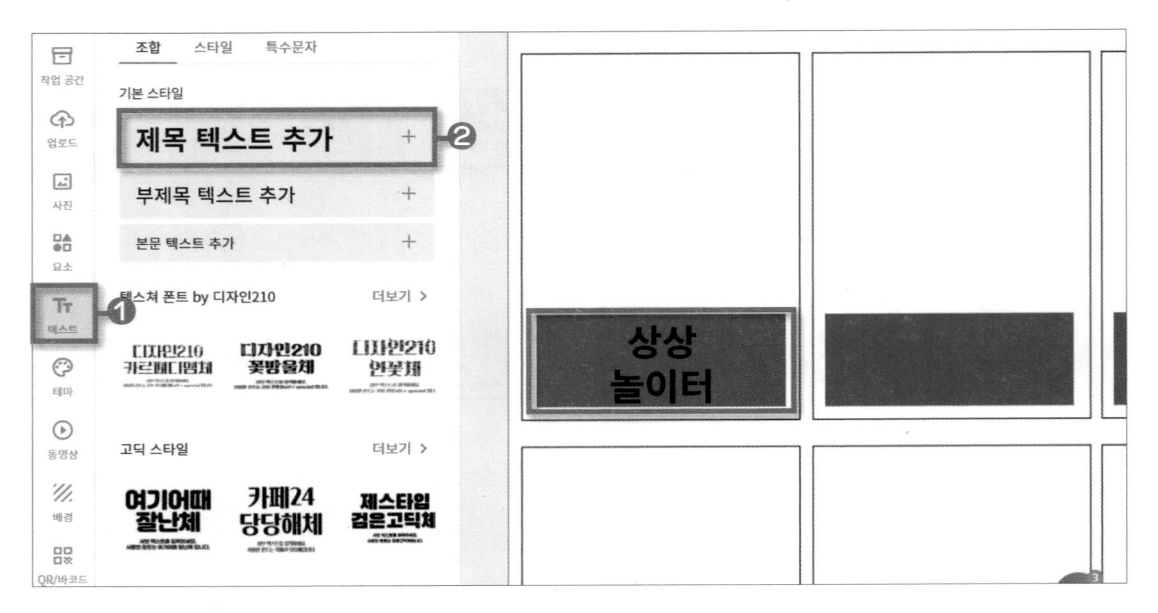

05 » 캔버스에서 '텍스트'를 선택한 후 텍스트 속성에서 '글꼴', '글자색', '외곽선' 등을 바꿉니다.

06 » 01~05와 같은 방법으로 나머지 티켓의 이름을 모두 만들어 넣습니다.

4 티켓 이름과 어울리는 이미지 추가하기

01 » 요소 에서 '공룡'을 검색하여 '상상 놀이터' 티켓 이름과 어울리는 무료 이미지를 찾아 클릭합니다.

02 » 이미지를 마우스로 드래그하여 크기를 조절한 후, '상상 놀이터' 티켓 위치로 이동시킵니다.

03 » **01~02**와 같이 나머지 티켓에도 무료 이미지를 추가합니다.

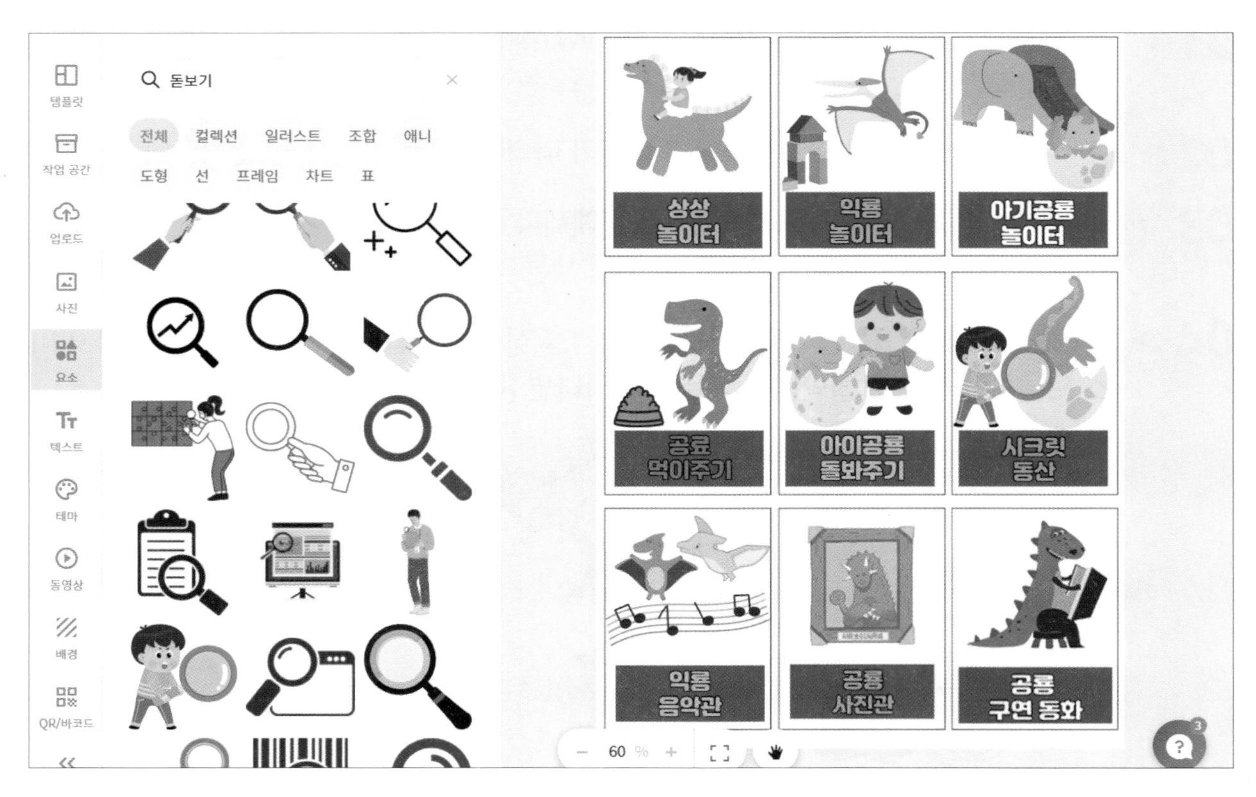

04 » 티켓이 완성되면 제목(티켓)을 입력하고, 다운로드 - JPG - 빠른 다운로드 버튼을 순서대로 클릭하여 컴퓨터에 저장합니다.

10

- 편지지 배경 추가하기
- 프레임에 캐릭터 사진 추가하기
- 편지지에 '선' 그리기
- '텍스트 스타일'로 쥐라기 월드의 제목 입력하기

친구들은 다른 행성으로 보내기 위한 포스터와 관람 시간표, 관람 티켓을 한군데로 모았어요.
"이제 마지막으로 초대 글을 담은 편지를 써서 넣어 볼까?
"편지지가 없는데…. 우리가 A4 용지로 쥐라기 월드에 어울리는 편지지를 만들까?"
다른 행성 친구들에게 보낼 편지지를 디자인해 보아요.

1 편지지 배경 추가하기

01 » 크롬( )을 통해 미리캔버스(https://www.miricanvas.com/)에 접속한 후 바로 시작하기 버튼을 클릭합니다. 그리고 오른쪽 상단의 로그인 버튼을 눌러 정보를 입력한 후 로그인합니다.

02 » [캔버스 사이즈]를 클릭하여 사이즈 종류가 나타나면 [문서 서식]을 클릭합니다.

03 » 업로드 - 업로드 버튼을 클릭합니다. [예제파일]-[10강] 폴더의 이미지를 미리캔버스로 모두 업로드하기 위해 키보드의 Ctrl + A 키를 누른 후 열기 버튼을 클릭합니다.

04 » 업로드된 이미지 중, 편지지로 사용할 배경을 찾아 클릭합니다. 캔버스에 추가된 이미지를 마우스 오른쪽 버튼으로 클릭하여 메뉴가 나타나면 [배경으로 만들기]를 선택합니다.

2 프레임에 캐릭터 이미지 추가하기

01 » 요소 - 프레임 - [외곽선 프레임]에 [더보기]를 클릭한 후, 마음에 드는 무료 외곽선 프레임을 찾아 클릭합니다.

02 » 외곽선 프레임의 조절점을 마우스로 드래그하여 크기를 조절합니다. 그리고 다음 그림과 같이 '왼쪽의 위쪽'으로 위치를 이동시킵니다.

03 » 업로드 에서 '캐릭터'를 선택한 후 '프레임' 안쪽으로 드래그하여 넣습니다.

미리캔버스 tip 투명 프레임

캐릭터를 넣었을 때 프레임 배경이 '투명' 또는 '불투명'으로 처리되는 것은 프레임의 종류에 따라 결과가 다르기 때문입니다. 만약 불투명으로 처리되었다면 외곽선 프레임 종류를 바꿔서 다시 작업해보세요.

3 편지지에 '선' 그리기

01 » 요소 - 선 에서 '점선'을 클릭하여 캔버스에 추가시킵니다. 그리고 '점선'의 조절점을 마우스로 드래그하여 크기를 조절한 후 옆으로 길이를 늘립니다.

02 » 선 속성에서 '점선'의 색상과 [선 두께]를 변경합니다.

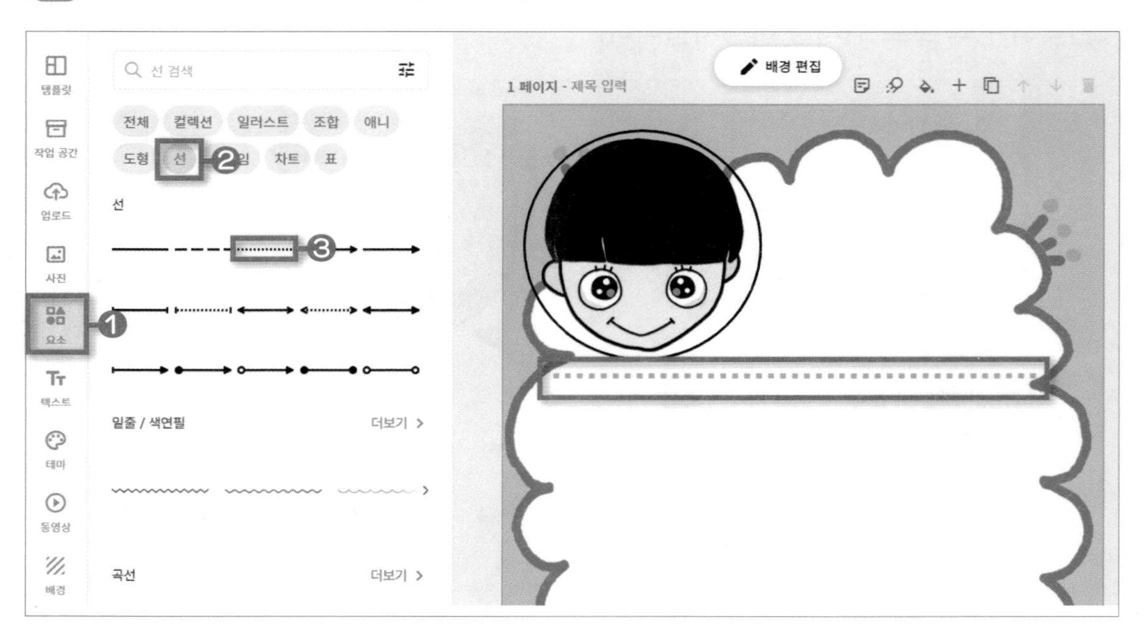

03 » 01~02와 같은 방법으로 편지지 전체에 '점선'을 추가합니다.

04 » 요소에서 '공룡'을 검색한 후, 마음에 드는 '공룡' 이미지를 찾아 편지지에 추가해 봅니다.

4 '텍스트 스타일'로 쥐라기 월드의 제목 입력하기

01 » 텍스트 -[스타일] -[로고/타이틀]에서 공룡이 포함되어 있는 텍스트 스타일을 찾아 캔버스에 추가합니다. 그리고 '텍스트'를 더블 클릭하여 다음 그림과 같이 '쥐라기 월드 편지'를 입력합니다.

02 » '텍스트'의 크기를 마우스로 드래그하여 조절하고, 위치를 '캐릭터 옆'으로 이동시킵니다.

03 » 요소 에서 '스탬프'를 검색하여 무료 이미지를 골라 편지지 하단에 추가합니다.

04 » 편지지가 완성되면 제목(편지지)을 입력하고, 다운로드 - JPG - 빠른 다운로드 버튼을 순서대로 클릭하여 컴퓨터에 저장합니다.

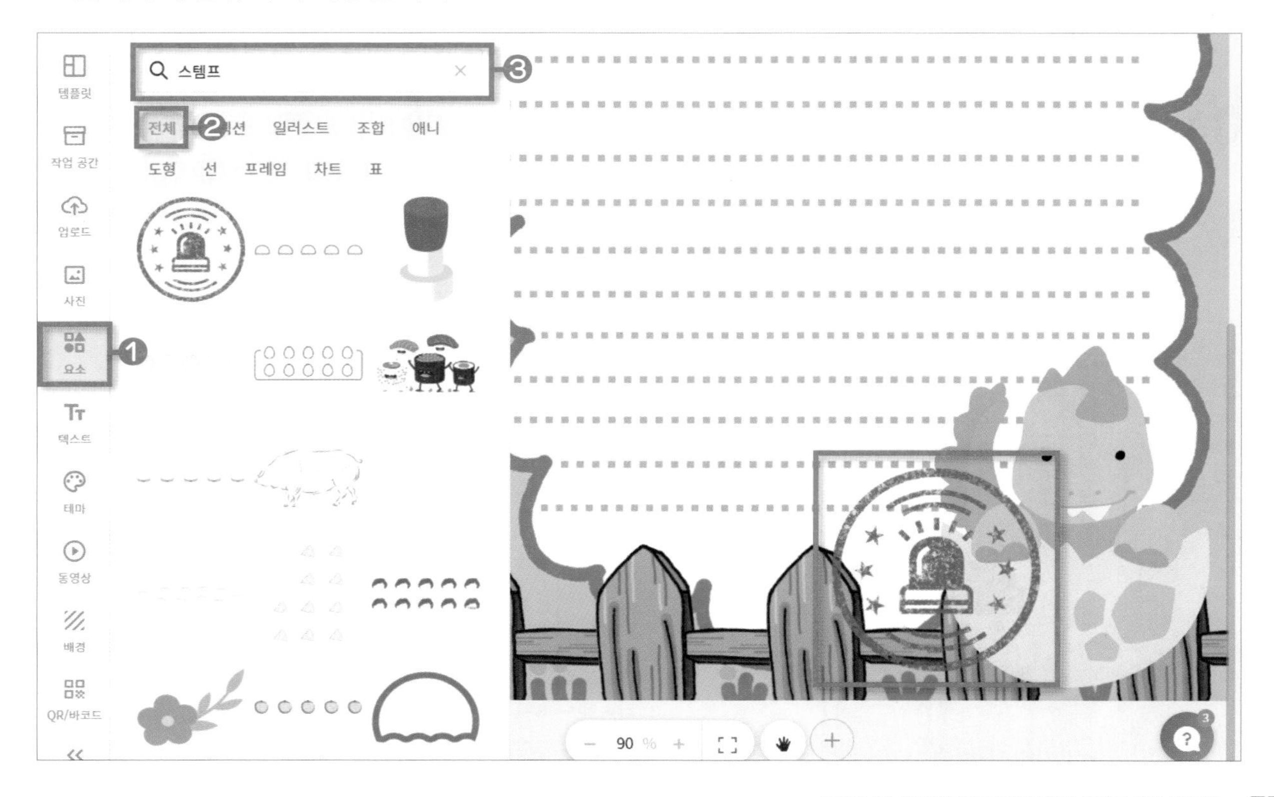

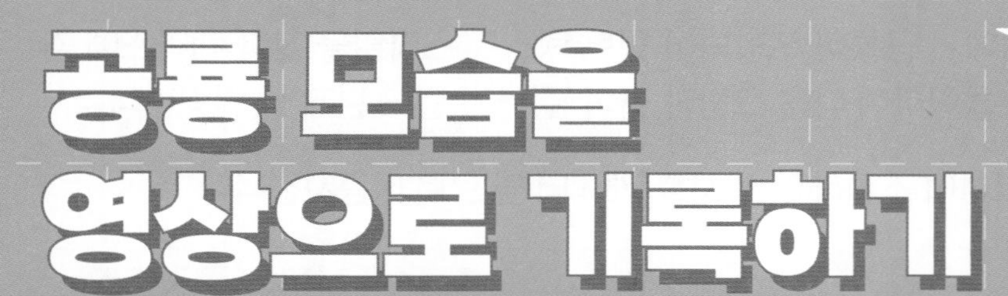

- 기록지를 배경으로 추가하기
- 유튜브 동영상을 기록지에 추가하기
- 오늘 날짜와 동영상 내용을 기록지에 입력하기

"쥐라기 월드가 엄청 넓어서 공룡들이 서로 정보를 공유하기 쉽지 않을 것 같아"
"맞아, 멀리 있는 공룡들은 다른 공룡들이 무얼 하며 지내는지 잘 모를 거야."
"공룡들의 일과를 기록해 두었다가 보여 주면 어떨까?"
공룡 동영상을 추가하여 공룡의 하루 일과를 기록해 보아요.

1 기록지를 배경으로 추가하기

01 » 크롬( )을 통해 미리캔버스(https://www.miricanvas.com/)에 접속한 후 바로 시작하기 버튼을 클릭합니다. 그리고 오른쪽 상단의 로그인 버튼을 눌러 정보를 입력한 후 로그인합니다.

02 » [캔버스 사이즈]를 클릭하여 사이즈 종류가 나타나면 [문서 서식]을 클릭합니다.

03 » 업로드 - 업로드 버튼을 클릭합니다. [예제파일]-[11강] 폴더의 이미지를 미리캔버스로 모두 업로드하기 위해 키보드의 Ctrl + A 키를 누른 후 열기 버튼을 클릭합니다.

04 » 업로드된 이미지 중, 기록지로 사용할 배경을 찾아 클릭합니다. 캔버스에 추가된 이미지를 마우스 오른쪽 버튼으로 클릭하여 메뉴가 나타나면 [배경으로 만들기]를 선택합니다.

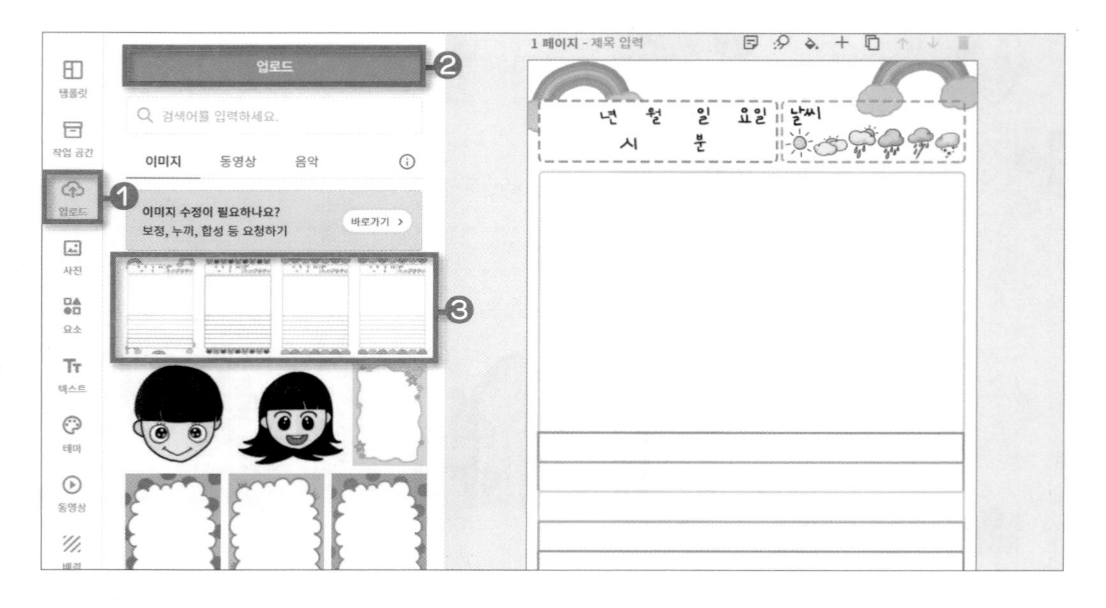

2 유튜브 동영상을 기록지에 추가하기

01 » 크롬( )을 통해 유튜브(https://www.youtube.com/)에 접속한 후 '공룡구조대'를 검색하여 마음에 드는 영상을 클릭합니다.

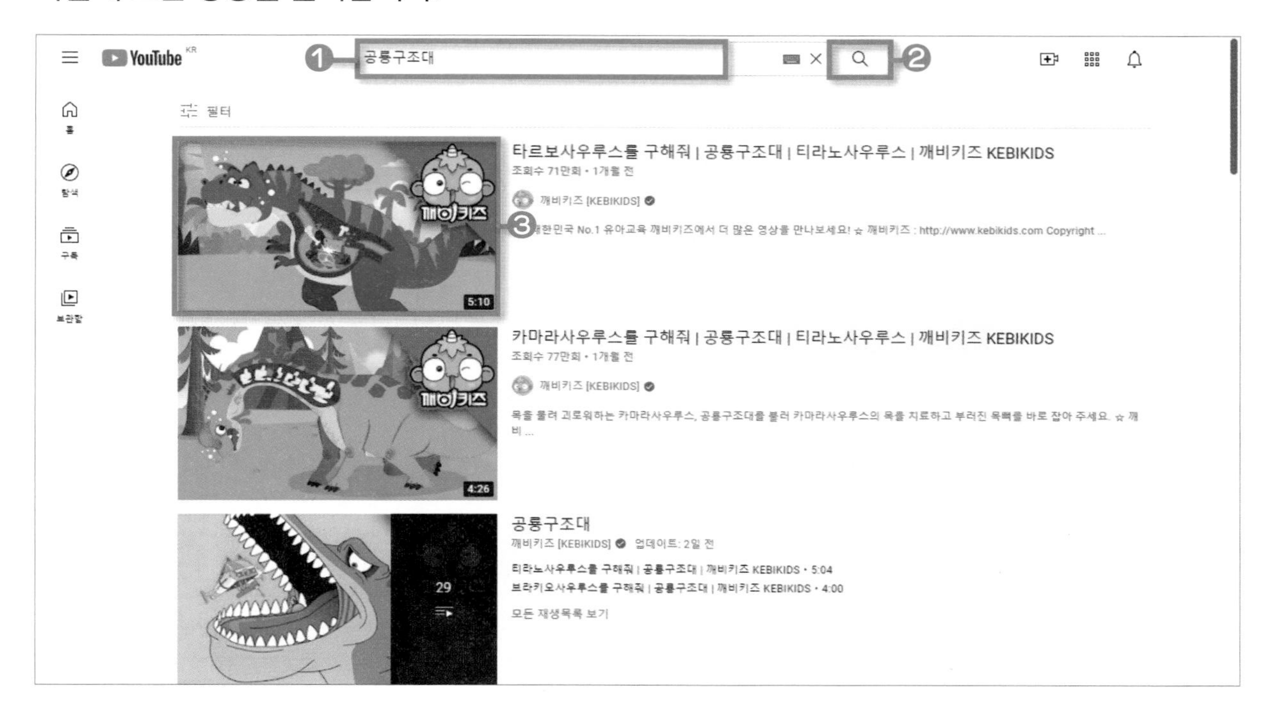

02 » 영상 페이지에 접속되면 [공유] 버튼을 클릭합니다. [공유] 창이 나타나면 [복사]를 클릭하여 유튜브 영상의 주소를 복사합니다.

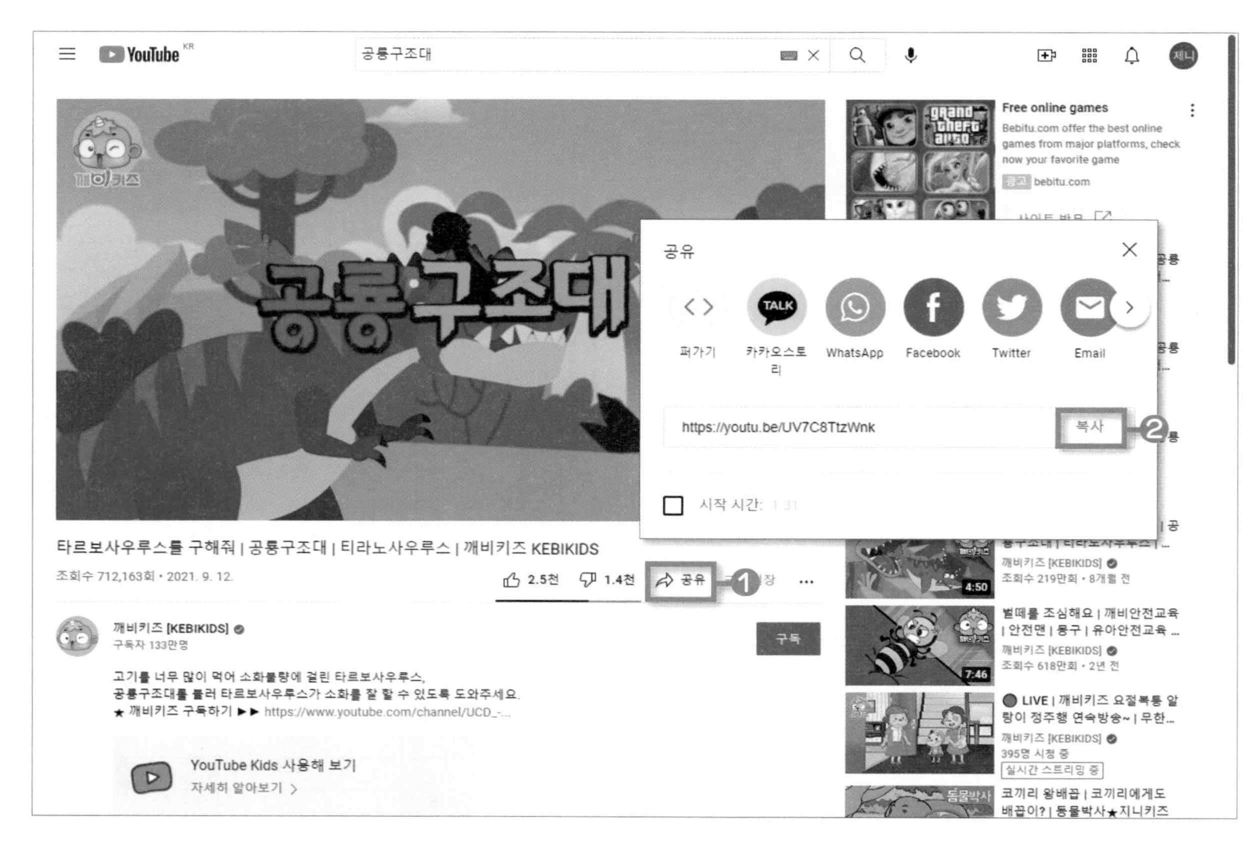

03 » 미리캔버스로 돌아와 동영상 - [YouTube]를 클릭합니다.

04 » URL 칸(YouTube 동영상 URL 입력)에서 마우스 오른쪽 버튼을 클릭하여 나타난 메뉴에서 [붙여넣기]를 선택합니다.

05 » URL 주소가 입력되면 [만들기] 버튼을 클릭합니다.

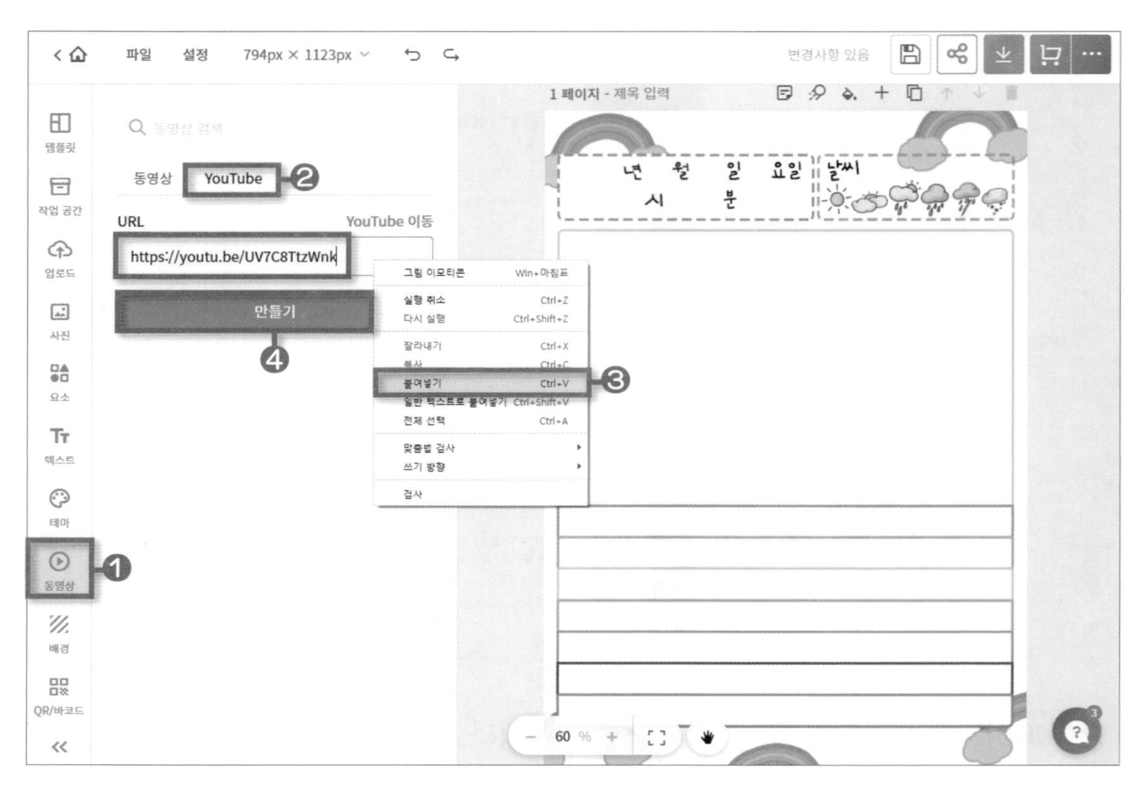

06 » 유튜브 동영상이 캔버스에 추가되면 조절점을 드래그하여 크기를 조절합니다. 그리고 위치를 다음 그림과 같이 '위쪽'으로 이동시킵니다.

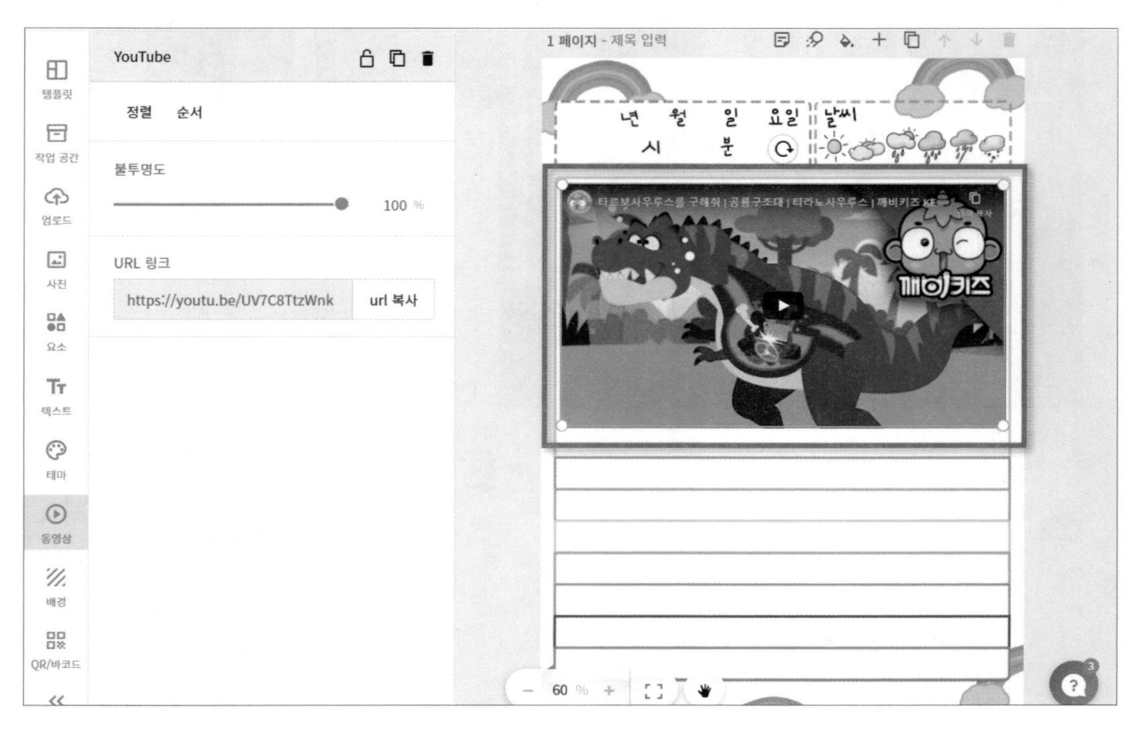

07 » '동영상'을 재생하기 위해 [⋯ 더보기]-[슬라이드쇼 보기]를 순서대로 클릭합니다.

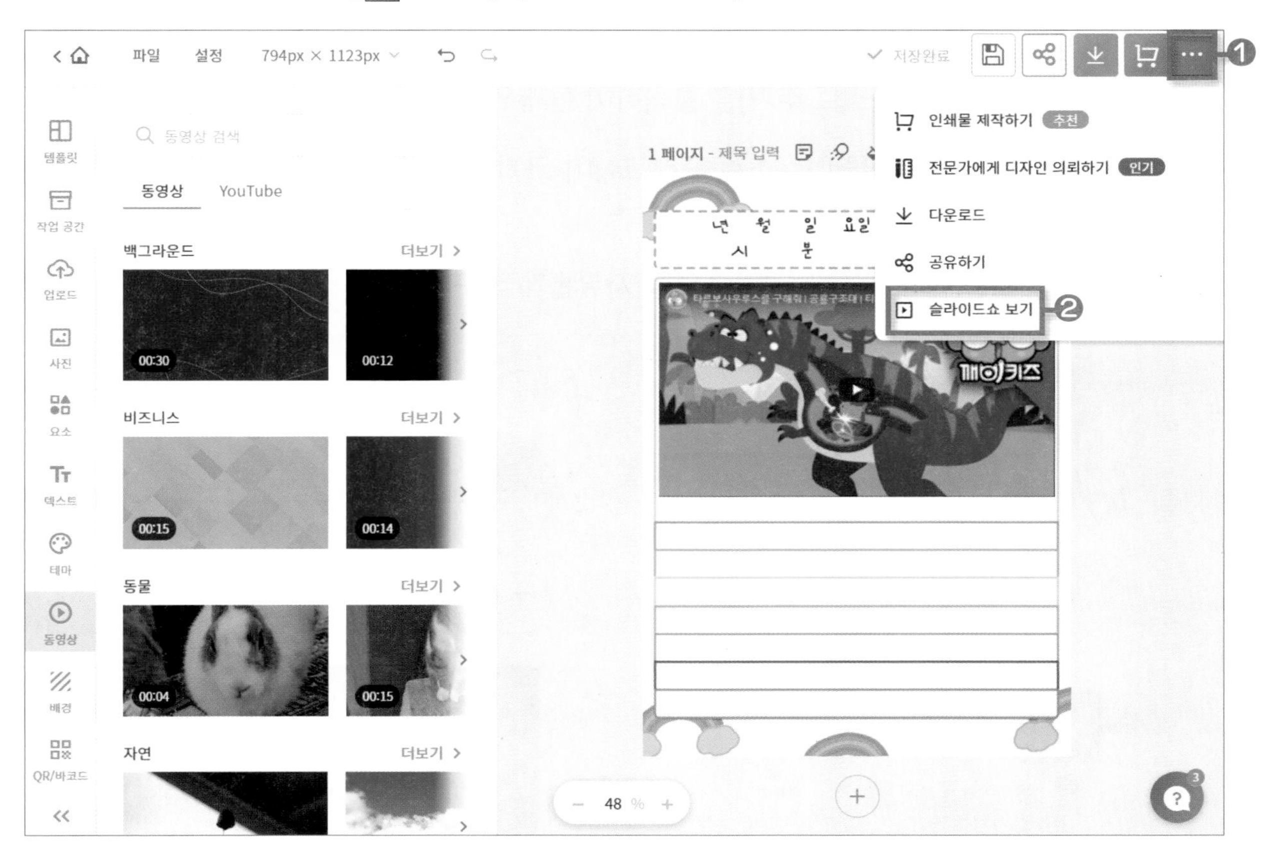

08 » 슬라이드쇼가 진행되면 '동영상' 재생 버튼(▶)을 눌러 영상을 시청해 봅니다.

09 » 동영상이 끝나면 키보드의 Esc 키를 눌러 슬라이드쇼에서 나옵니다.

3 오늘 날짜와 동영상 내용을 기록지에 입력하기

01 » 텍스트 -[제목 텍스트 추가]를 클릭하여 현재 연도(예: 2021)를 입력합니다.

02 » '텍스트'의 조절점을 마우스로 드래그하여 크기를 조절한 후, 위치를 기록지의 날짜 칸으로 이동시킵니다.

03 » 텍스트 속성에서 '글꼴', '글자색'을 자유롭게 바꾸어 봅니다.

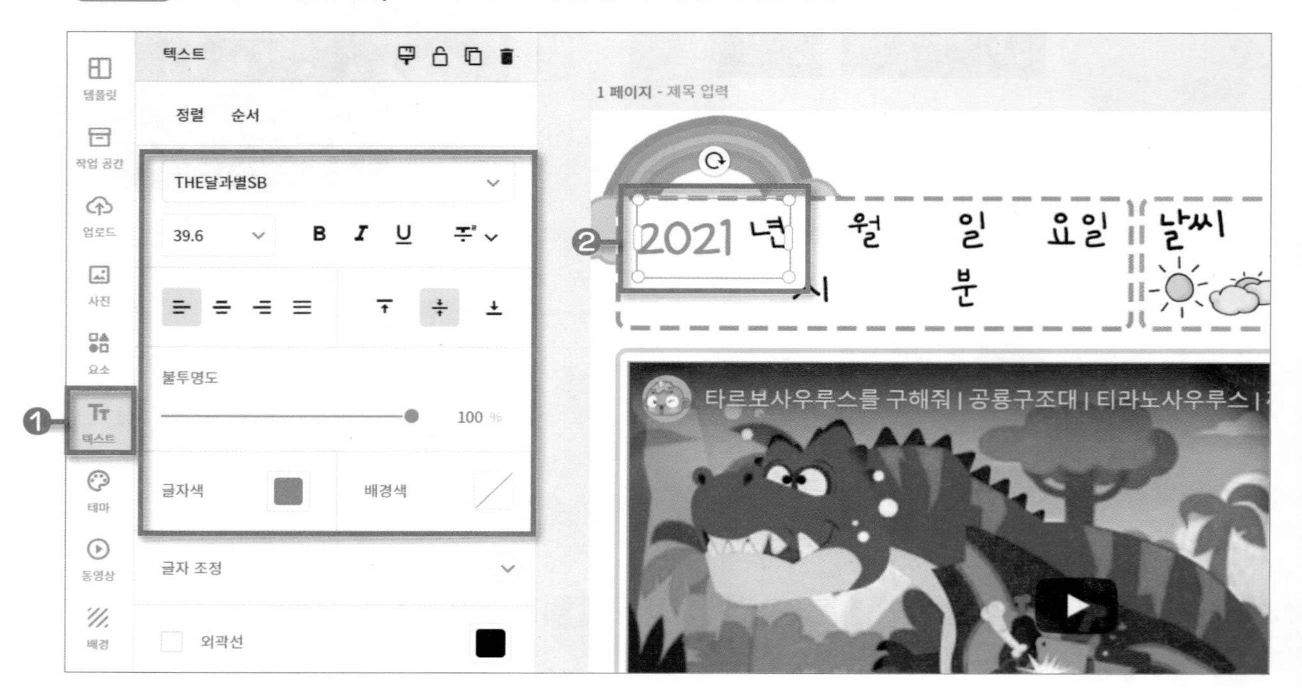

04 » **01~03**과 같은 방법으로 동영상을 기록한 '날짜, 요일, 시간'을 입력합니다.

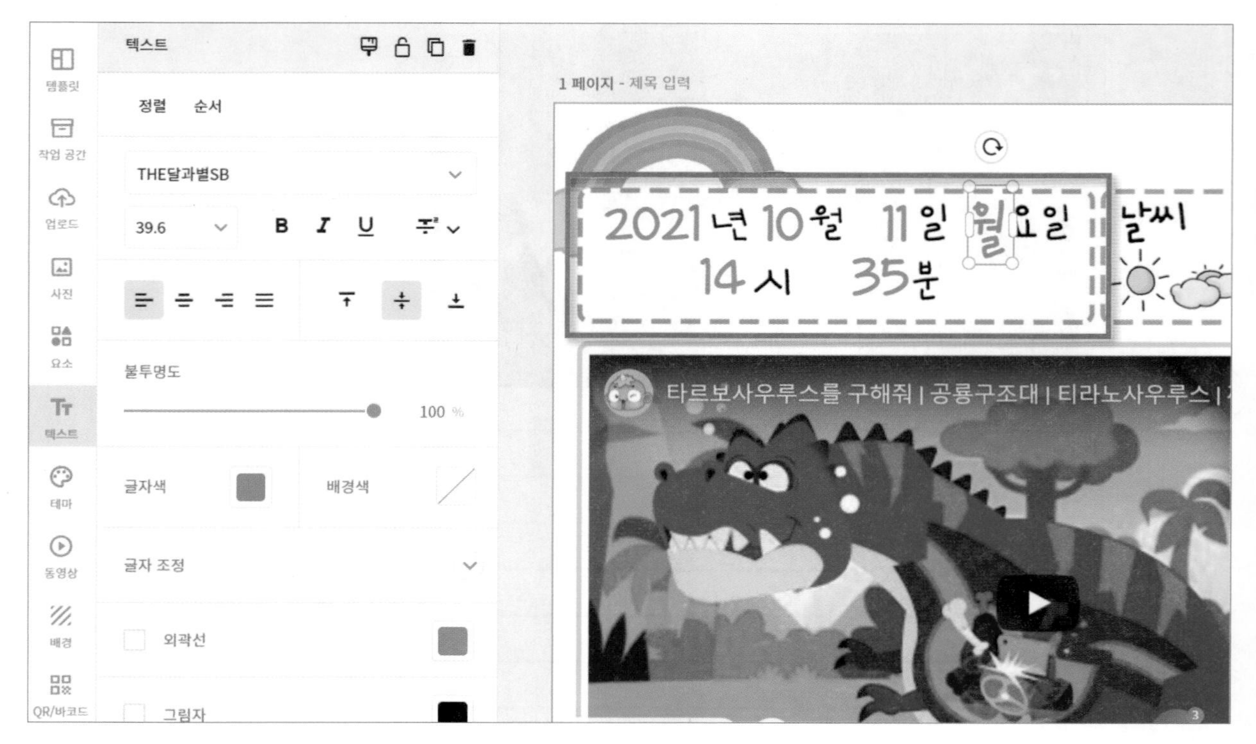

05 » 유튜브 동영상을 통해 알게 된 내용을 기록하기 위해 텍스트 - [본문 텍스트 추가]를 클릭합니다. 텍스트가 캔버스에 추가되면 제목과 줄거리를 떠올려 자유롭게 입력합니다.

06 » 텍스트 속성에서 '글자 크기'와 '글꼴'을 바꿉니다.

07 » 영상 기록지가 완성되면 제목(공룡 영상 기록지)을 입력하고, 다운로드 - JPG - 빠른 다운로드 버튼을 순서대로 클릭하여 컴퓨터에 저장합니다.

쥐라기 월드 홍보 티켓 정리하기

학습목표

- 기입장 배경 추가하기
- 기입장의 제목 입력하기
- 기입장에 내용 입력하기
- 계산기로 금액을 계산하여 기입장에 기록하기

"얘들아, 홍보를 위해 사용한 물품이나 티켓이 몇 개 남았는지 정리해야 하지 않아?"
"맞아, 그런데 어쩌지? 기입장이 있는 다이어리를 우주선에 놓고 왔어."
"괜찮아, 컴퓨터로 만들어 보자!"
쥐라기 월드에서만 사용할 수 있는 기입장을 디자인해 보아요.

1 기입장 배경 추가하기

01 » 크롬( )을 통해 미리캔버스(https://www.miricanvas.com/)에 접속한 후 바로 시작하기 버튼을 클릭합니다. 그리고 오른쪽 상단의 로그인 버튼을 눌러 정보를 입력한 후 로그인합니다.

02 » [캔버스 사이즈]를 클릭하여 사이즈 종류가 나타나면 [프레젠테이션]을 클릭합니다.

03 » 업로드 - 업로드 버튼을 클릭합니다. [예제파일]-[12강] 폴더의 이미지를 미리캔버스로 모두 업로드하기 위해 키보드의 Ctrl + A 키를 누른 후 열기 버튼을 클릭합니다.

04 » 업로드된 이미지 중, 기입장으로 사용할 배경을 찾아 클릭합니다. 캔버스에 추가된 이미지를 마우스 오른쪽 버튼으로 클릭하여 메뉴가 나타나면 [배경으로 만들기]를 선택합니다.

05 » 배경 이미지가 화면을 벗어날 경우, 배경 이미지를 더블 클릭하여 이미지의 크기를 조절한 후 체크 ✓ 를 클릭합니다.

2 기입장의 제목 입력하기

01 » 텍스트 -[스타일]-[로고/타이틀]에서 마음에 드는 텍스트 스타일을 찾아 클릭합니다.

02 » '텍스트 스타일'의 조절점을 마우스로 드래그하여 크기를 조절한 후 위치를 '왼쪽의 빈칸'으로 이동시킵니다.

03 » '텍스트 스타일'을 마우스 오른쪽 버튼으로 클릭하여 [그룹해제]를 선택합니다.

04 » 불필요한 '텍스트'나 '도형'을 없애기 위해 마우스 오른쪽 버튼을 클릭하여 [삭제]를 선택합니다.

키보드의 Delete 키를 눌러도 캔버스에 추가된 '이미지'나 '텍스트' 등을 삭제할 수 있습니다.

05 » '텍스트'를 더블 클릭하여 '티켓 판매 현황'을 2줄로 입력합니다.

06 » '티켓 판매 현황'에서 '판매' 글자만 마우스로 드래그하여 영역 선택한 후, **텍스트** 속성에서 '글자색'을 바꿉니다.

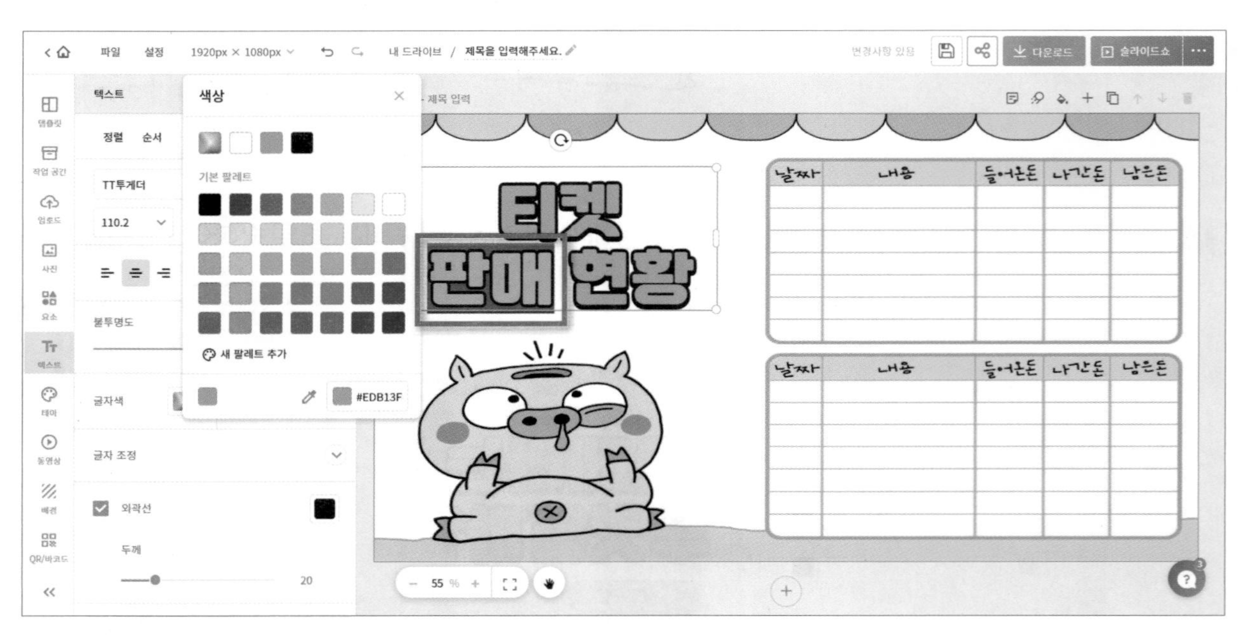

미리캔버스 tip

영역 선택한 후 '글자색'을 바꾸면 선택된 텍스트만 '글자색'이 바뀝니다. 이 방법은 '글꼴'이나 '외곽선' 등에도 똑같이 적용됩니다.

07 » **06**과 같은 방법으로 나머지 글자에도 다른 색을 지정해 봅니다.

3 기입장에 내용 입력하기

01 » 텍스트 -[본문 텍스트 추가]를 클릭한 후 '10월 15일'을 입력합니다.

02 » '텍스트'의 크기를 조절한 후 위치를 '날짜 칸'으로 이동시킵니다.

03 » 01~02와 같은 방법으로 '날짜'와 '내용', '들어온 돈', '나간 돈'을 입력합니다.

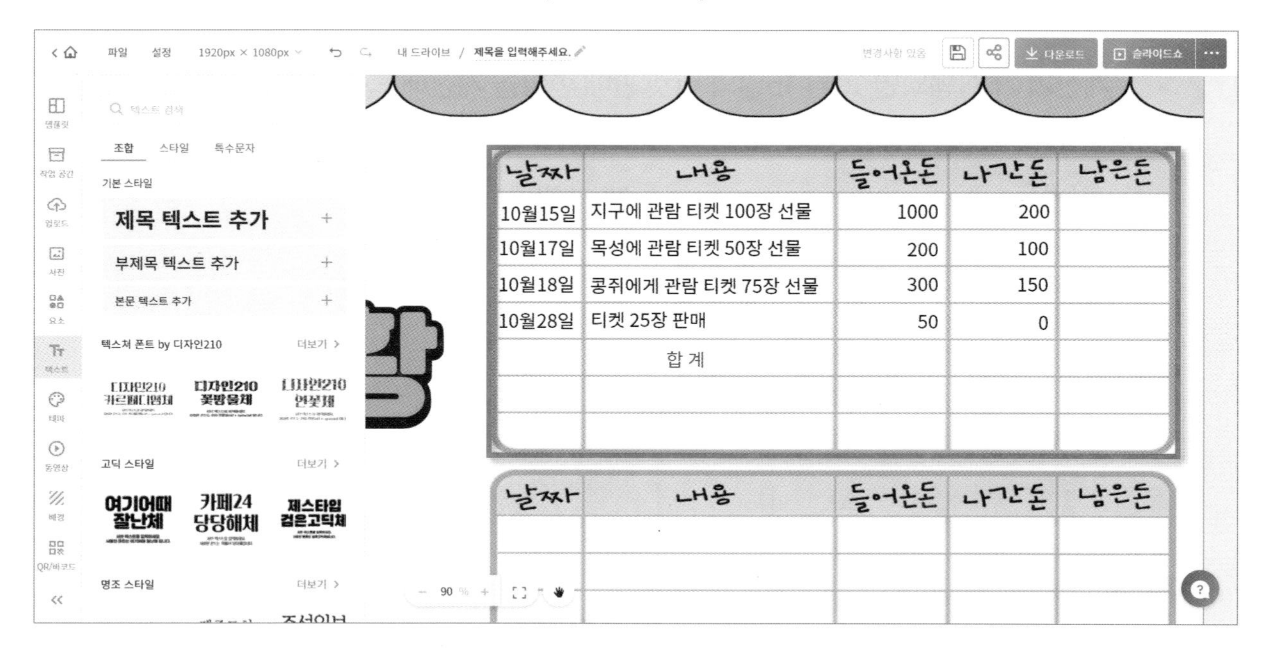

미리캔버스 tip

숫자는 오른쪽으로 정렬하면 읽기 쉽고, 보기에 좋습니다.

계산기로 금액을 계산하여 기입장에 기록하기

01 » 윈도우 시작( ) 버튼을 눌러 '계산기' 앱을 찾고, 클릭하여 실행합니다.

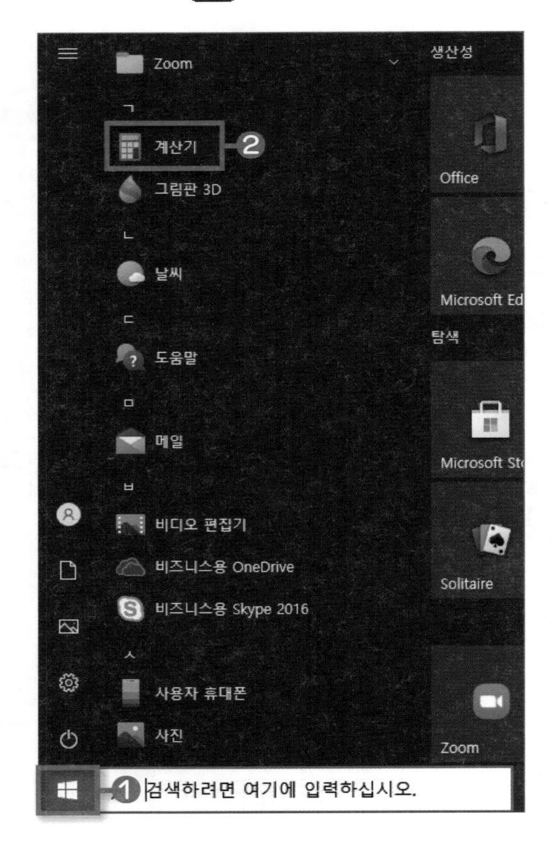

02 » '계산기'가 실행되면 10월 15일의 티켓 판매 현황을 계산해 봅니다.

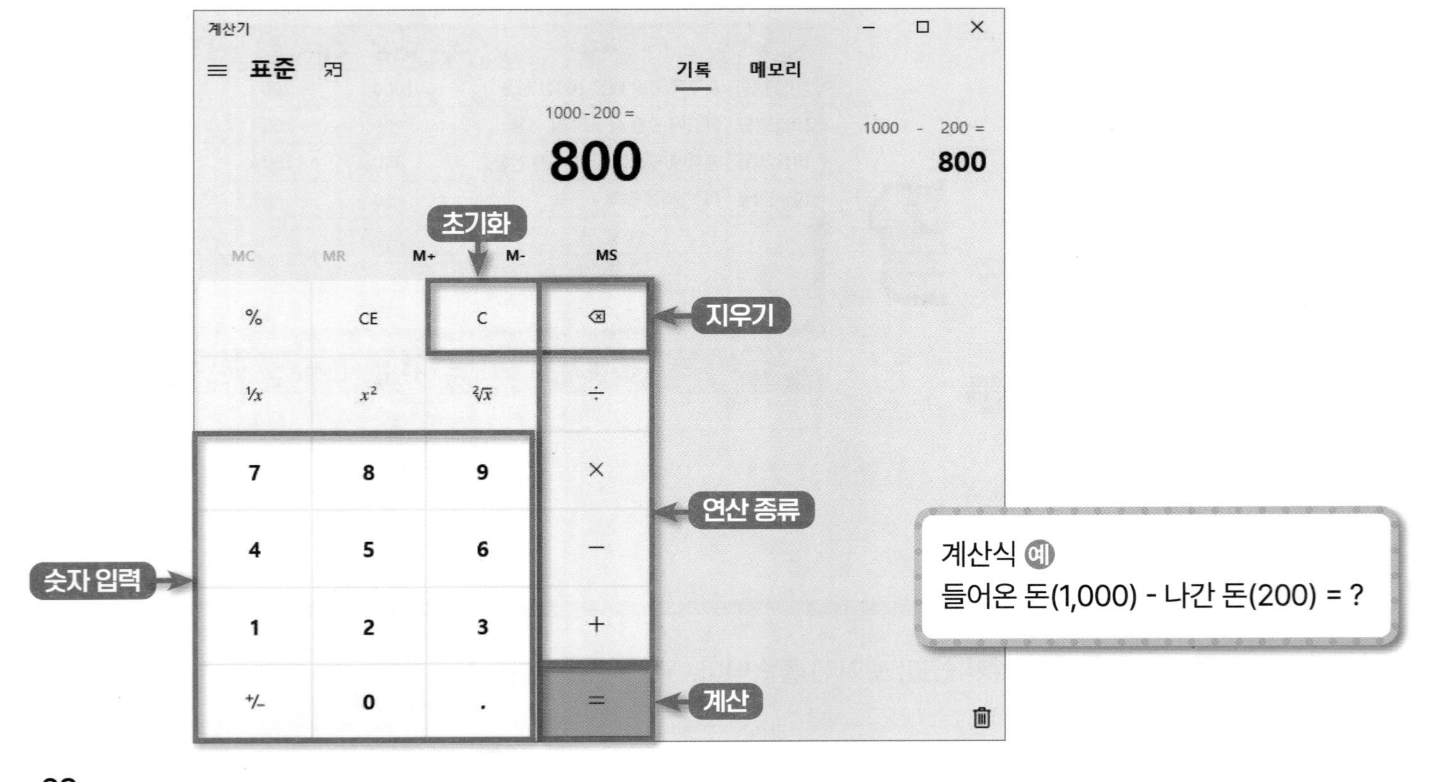

03 » '계산기'를 이용하여 다른 날짜의 판매 현황도 계산한 후, 다음 [티켓 판매 현황]의 '남은 돈' 칸에 써 봅니다.

[티켓 판매 현황]

날짜	내용	들어온돈	나간돈	남은돈
10월15일	지구에 관람 티켓 100장 선물	1000	200	
10월17일	목성에 관람 티켓 50장 선물	200	100	
10월18일	콩쥐에게 관람 티켓 75장 선물	300	150	
10월28일	티켓 25장 판매	50	0	
	합 계			

남은 돈은 날짜별로만 계산하여 써 봅니다. 그리고 합계 칸에 '남은 돈'을 모두 더해 써 봅니다.

04 » 03의 계산 결과를 미리캔버스의 '티켓 판매 현황'에도 기록해 봅니다.

05 » 티켓 판매 현황이 완성되면 제목(티켓 판매 현황)을 입력하고, **다운로드** - **JPG** - **빠른 다운로드** 버튼을 순서대로 클릭하여 컴퓨터에 저장합니다.

쥐라기 월드 로고 만들기

쥐라기 월드의 여행을 마친 친구들은 우주선으로 돌아왔어요. 쥐라기 월드에서 행복한 시간을 보낸 친구들은 떠나기 전에 로고를 만들어 선물로 주기로 했어요. **쥐라기 월드에서 사용할 수 있는 로고를 디자인해 보아요.**

1 로고에 배경 적용하기

01 » 크롬( )을 통해 미리캔버스(https://www.miricanvas.com/)에 접속한 후 바로 시작하기 버튼을 클릭합니다. 그리고 오른쪽 상단의 로그인 버튼을 눌러 정보를 입력한 후 로그인합니다.

02 » [캔버스 사이즈]를 클릭하여 사이즈 종류가 나타나면 [카드 뉴스]를 클릭합니다.

03 » [배경]에서 쥐라기 월드 로고에 어울릴 무료 배경을 찾아 적용해 봅니다.

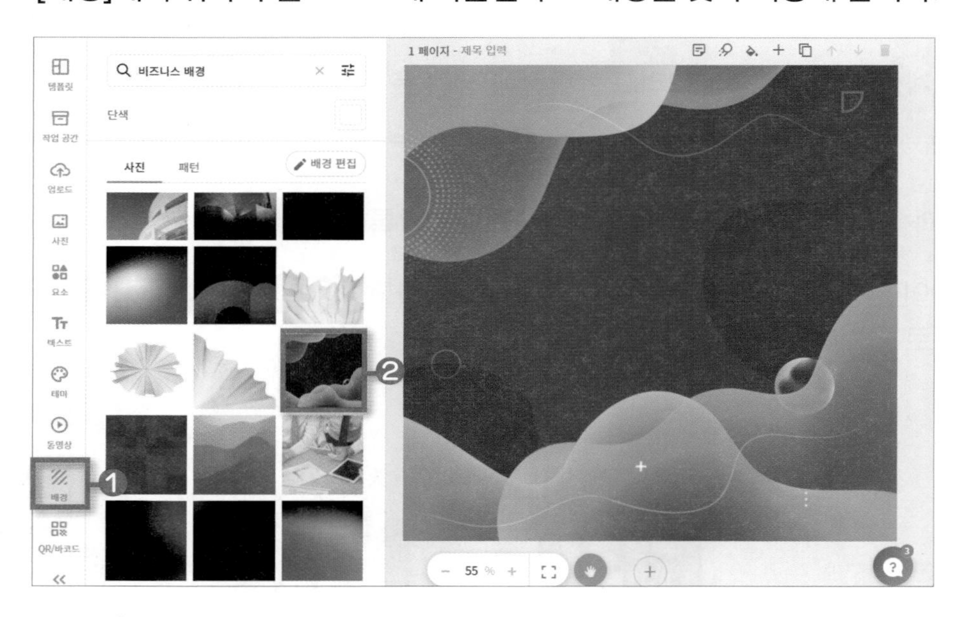

미리캔버스 tip 배경 빼내기 및 삭제 방법

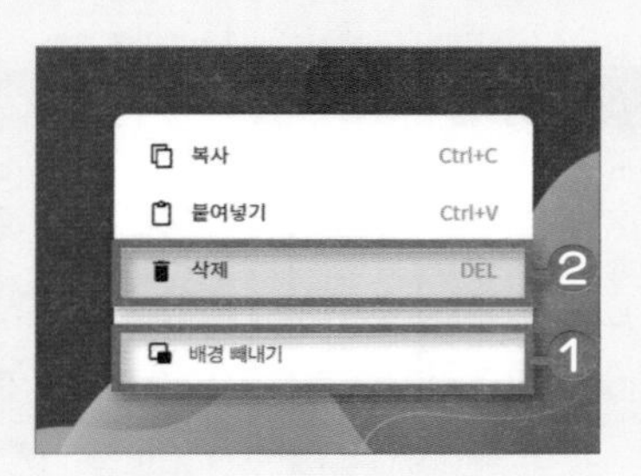

❶ 마우스 오른쪽 버튼을 눌러 [배경 빼내기]를 클릭하면 배경으로 적용된 이미지가 배경 해제 이미지로 바뀝니다.

❷ 마우스 오른쪽 버튼을 눌러 [삭제]를 클릭하면 배경이 삭제됩니다.

2 '텍스트 스타일'로 로고 만들기

01 » 텍스트 - [스타일]-[로고/타이틀]에서 'THANK YOU' 텍스트 스타일을 선택합니다.

02 » 텍스트 스타일의 크기를 조절 한 후, 오른쪽 마우스를 클릭하여 [그룹해제]를 선택합니다.

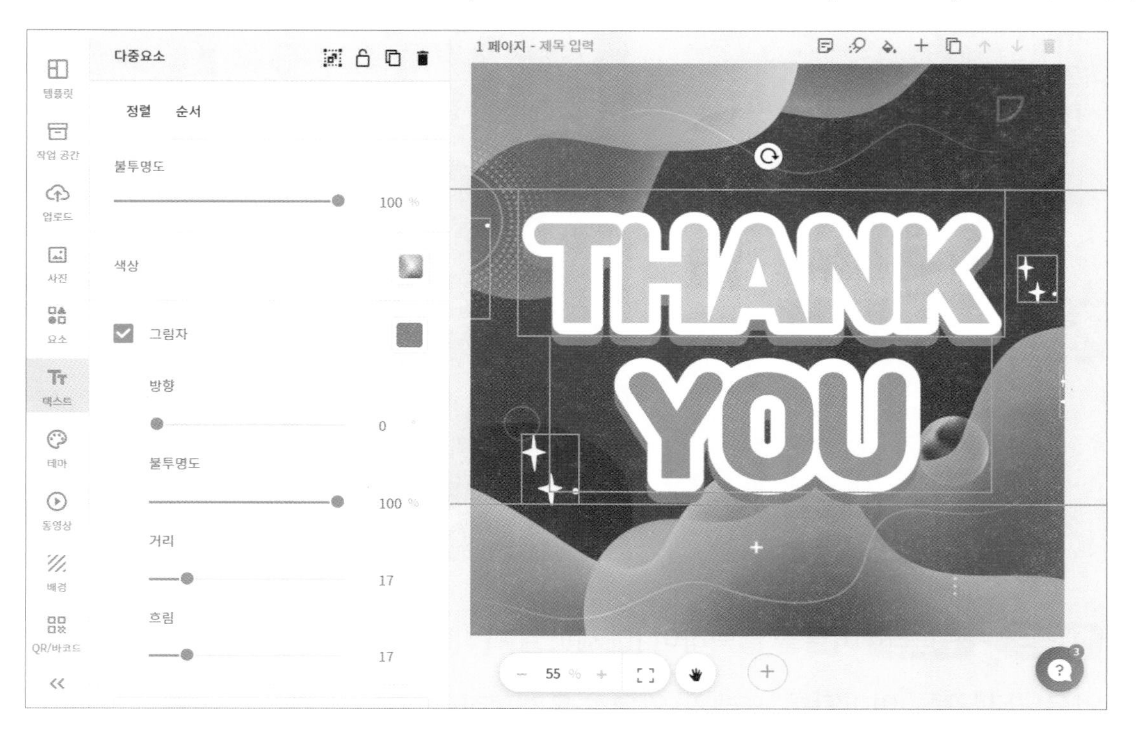

03 » '쥐라기 월드'와 '어드벤처'를 각각 입력합니다.

04 » 가운데에 공룡 이미지를 넣기 위해 '텍스트'의 크기를 조절하여 다음과 같이 위치를 이동시킵니다.

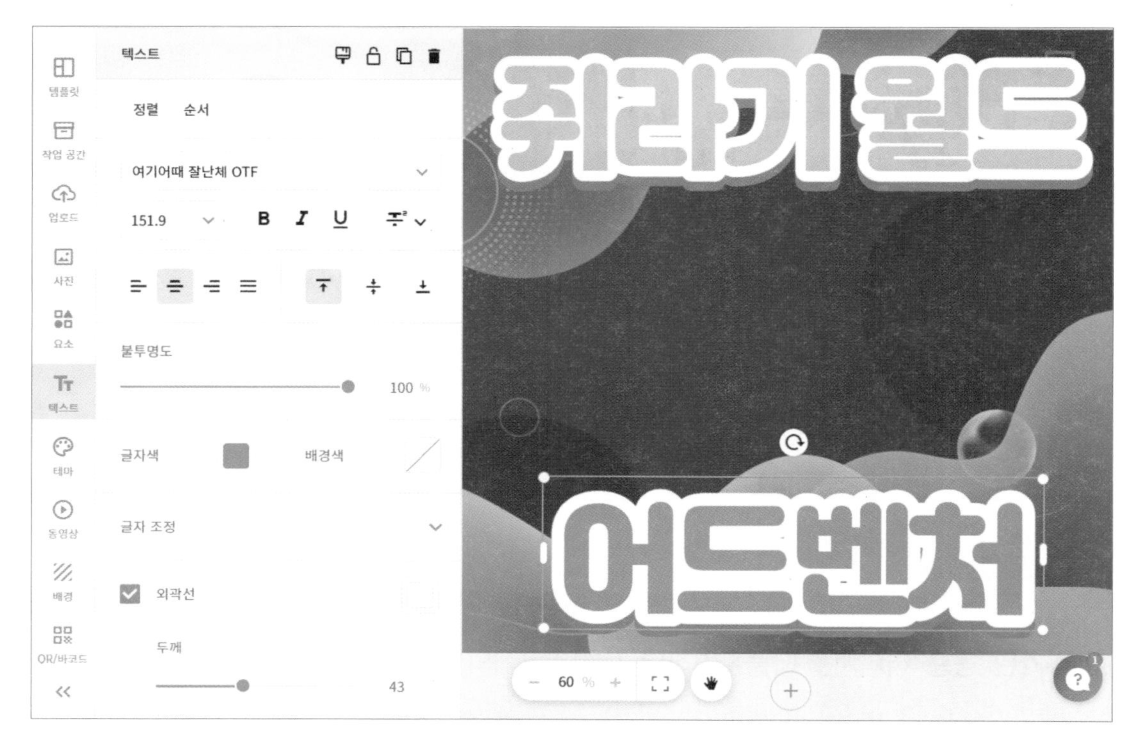

3 프레임에 공룡 이미지 담기

01 » 요소 - 프레임 에서 마음에 드는 무료 '원' 프레임을 클릭하고 크기를 조절합니다.

02 » '프레임'을 가운데로 이동시킨 후 마우스 오른쪽 버튼으로 눌러 [맨 뒤로 보내기]를 클릭합니다.

03 » 업로드 - 업로드 버튼을 클릭하여 [예제파일]-[빅02]에서 '공룡'을 불러옵니다.

04 » 업로드된 '공룡' 이미지를 '프레임' 안으로 드래그하여 넣습니다.

미리캔버스 tip

프레임에 추가된 '공룡' 이미지를 더블클릭하면 공룡의 크기와 위치를 바꿀 수 있습니다.

몬스터 어드벤처

으스스 오싹한 몬스터 월드를 즐겁게 모험할 수 있는 방법을 찾아보자!

치지지직 치지지지직 으흐흐흐~ 몬스터 월드에 도착!

스피커를 통해 우주선에 울려 퍼지는 괴상한 소리에 놀란 친구들은 하나 둘씩 잠에서 깨어났어요. “이게 도대체 무슨 소리야!”
멤버들이 모두 긴장하고 있을 때, “딩동~” 하고 전광판에 알림이 울렸어요.
“몬스터 어드벤처에 도착했습니다.”

13 랜드마크 카드

14 메모지

15 화폐

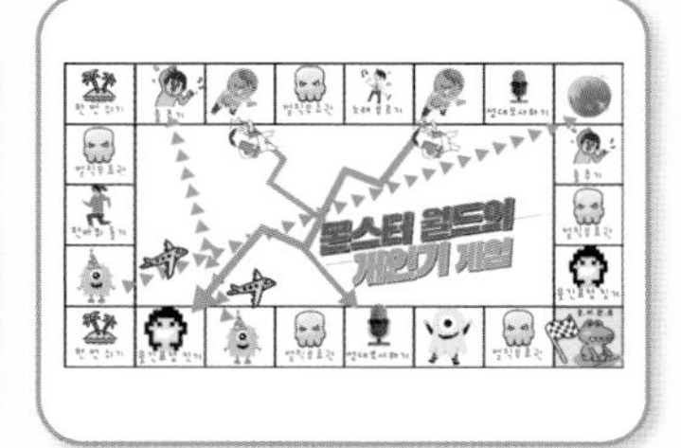

16 게임판

17 스티커

18 엽서

빅 03 카드 게임

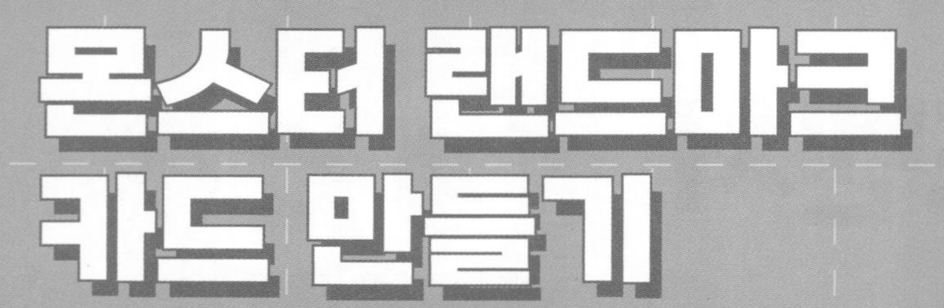

몬스터 랜드마크 카드 만들기

- 요소를 이용하여 '틀' 추가하기
- 요소를 추가하여 랜드마크 카드 꾸미기
- 랜드마크 제목 입력하기

알림 음이 울리고 얼마 지나지 않아 "몬스터 월드에 오신 것을 환영합니다. 우주선 앞에서 안내원이 나누어 주는 랜드마크 카드를 보며 몬스터 월드를 구경해 보세요."라는 안내 메시지가 나타났어요.
"아! 괜히 긴장했잖아~. 우리 모두 랜드마크 구경 가 볼까?"
안내원 몬스터가 친구들에게 건넨 랜드마크 카드를 상상하며 디자인해 보아요.

1 요소를 이용하여 '틀' 추가하기

01 » 크롬( )을 통해 미리캔버스(https://www.miricanvas.com/)에 접속한 후 바로 시작하기 버튼을 클릭합니다. 그리고 오른쪽 상단의 로그인 버튼을 눌러 정보를 입력한 후 로그인합니다.

02 » [캔버스 사이즈]를 클릭하여 사이즈 종류가 나타나면 [프레젠테이션]을 클릭합니다.

03 » 요소 - 도형 에서 '사각형'을 검색하여 원하는 사각형을 캔버스에 추가합니다.

04 » 추가된 '사각형'의 조절점을 마우스로 드래그하여 '직사각형' 모양으로 크기를 조절합니다. 그리고 '같은 모양'의 도형을 만들기 위해 마우스 오른쪽 버튼을 클릭하여 [복사]를 선택합니다.

미리캔버스 tip 요소를 복사하고 붙여 넣는 방법

요소를 선택한 후 키보드의 Ctrl + C 키를 눌러 복사하고, Ctrl + V 키를 눌러 붙여 넣습니다.

05 » 마우스 오른쪽 버튼을 눌러 [붙여넣기]를 클릭한 후 복사된 '사각형'을 오른쪽에 나란히 위치하게 합니다. 그리고 도형 서식에서 색상을 바꿉니다.

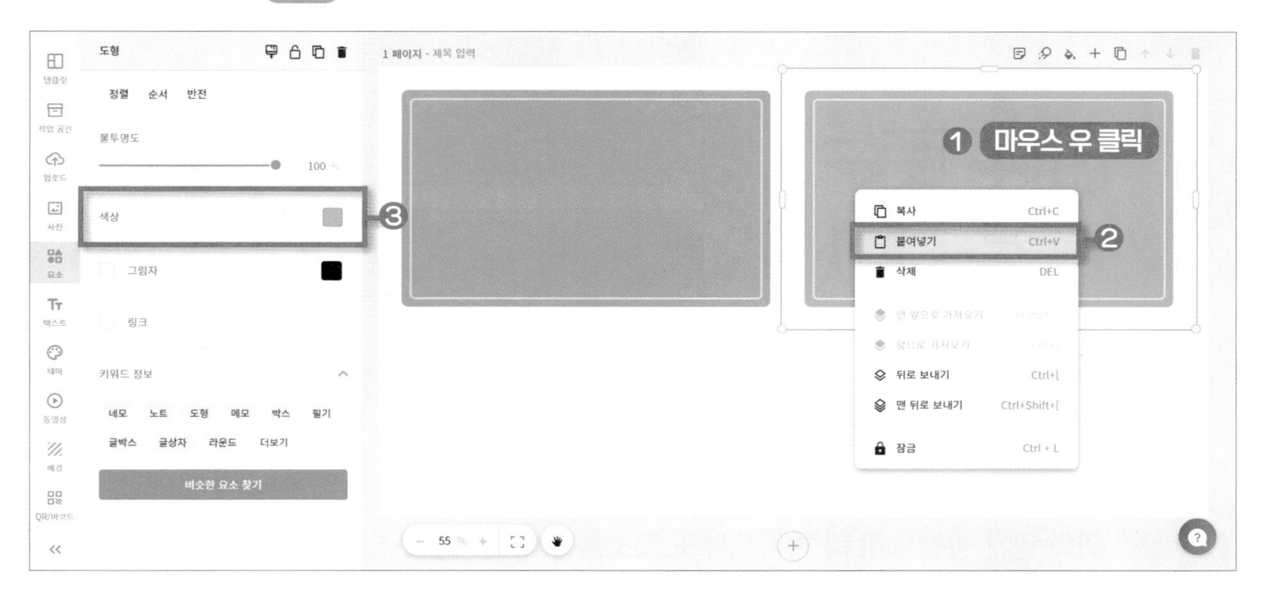

06 » **05**와 같은 방법으로 아래쪽에 '사각형' 2개를 더 복사합니다.

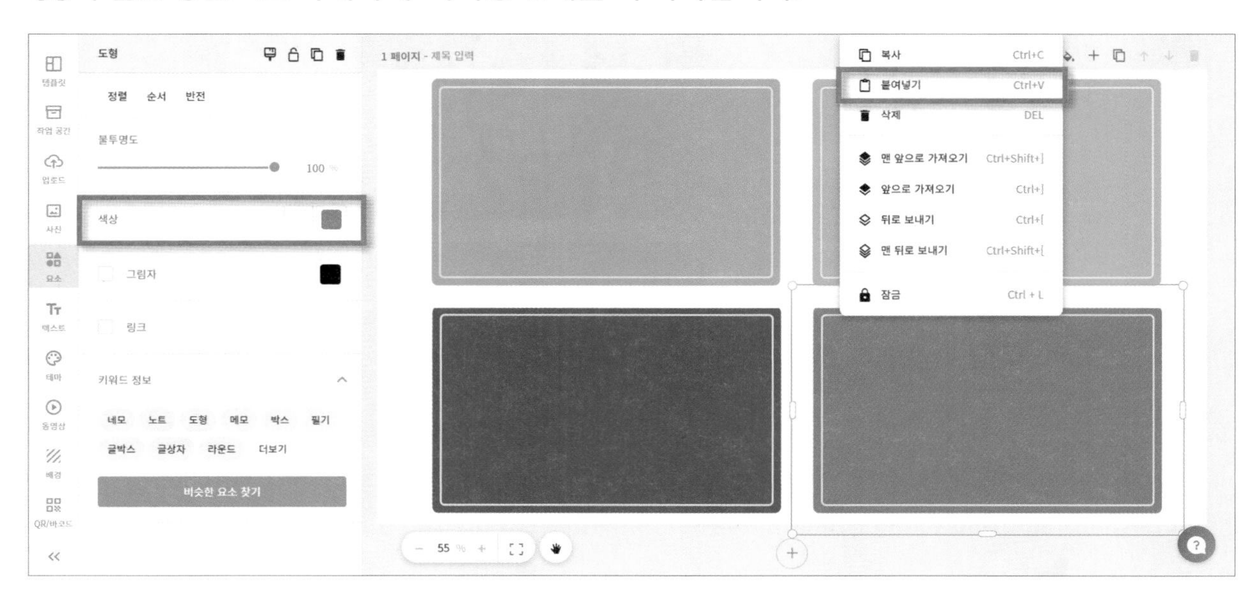

이미지를 복사하여 붙여 넣는 방법은 요소의 크기를 모두 똑같이 할 경우에 유용하게 사용됩니다.

2 요소를 추가하여 랜드마크 카드 꾸미기

01 » 요소 에서 '랜드마크'를 검색하여 몬스터 월드에 어울릴만한 무료 이미지를 찾아 클릭합니다.

02 » 이미지의 크기를 조절한 후 위치를 사각형 '틀' 안으로 이동시킵니다.

03 » 위와 같은 방법으로 다른 카드에도 요소를 추가하여 몬스터 월드에 어울리는 랜드마크 카드를 완성해 봅니다.

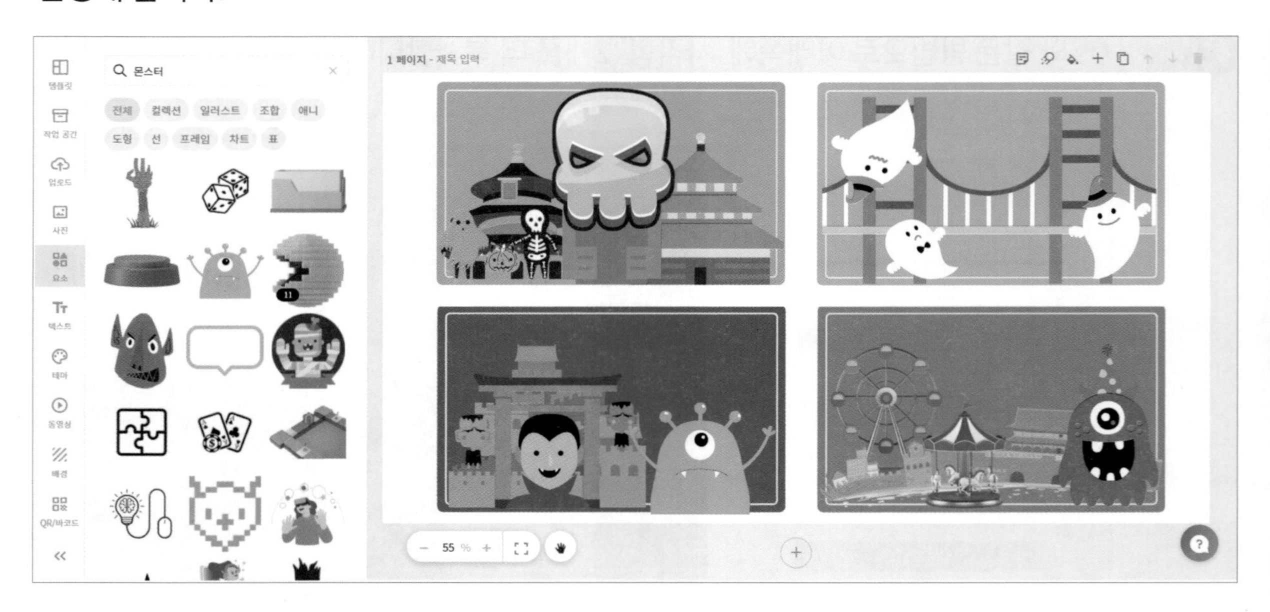

어드벤처 tip 요소 검색어

랜드마크, 몬스터

미리캔버스 tip 요소 순서 바꾸는 방법

요소를 마우스 오른쪽 버튼으로 클릭하여 [맨 앞으로 가져오기], [앞으로 가져오기], [뒤로 보내기], [맨 뒤로 보내기]를 선택하여 순서를 변경합니다.

3 랜드마크 카드에 제목 입력하기

01 » 텍스트 -[스타일]-[로고/타이틀]에서 랜드마크와 어울리는 스타일을 찾아 클릭합니다.

02 » [마우스 우 클릭]-[그룹해제]를 선택하여 불필요한 요소는 삭제하고, 랜드마크에 어울리는 제목을 입력해 봅니다.

03 » 텍스트의 조절점을 마우스로 드래그하여 크기를 조절한 후 위치를 이동시킵니다.

04 » 회전 버튼( )을 마우스로 드래그하여 텍스트의 방향을 이미지와 어울리게 회전합니다.

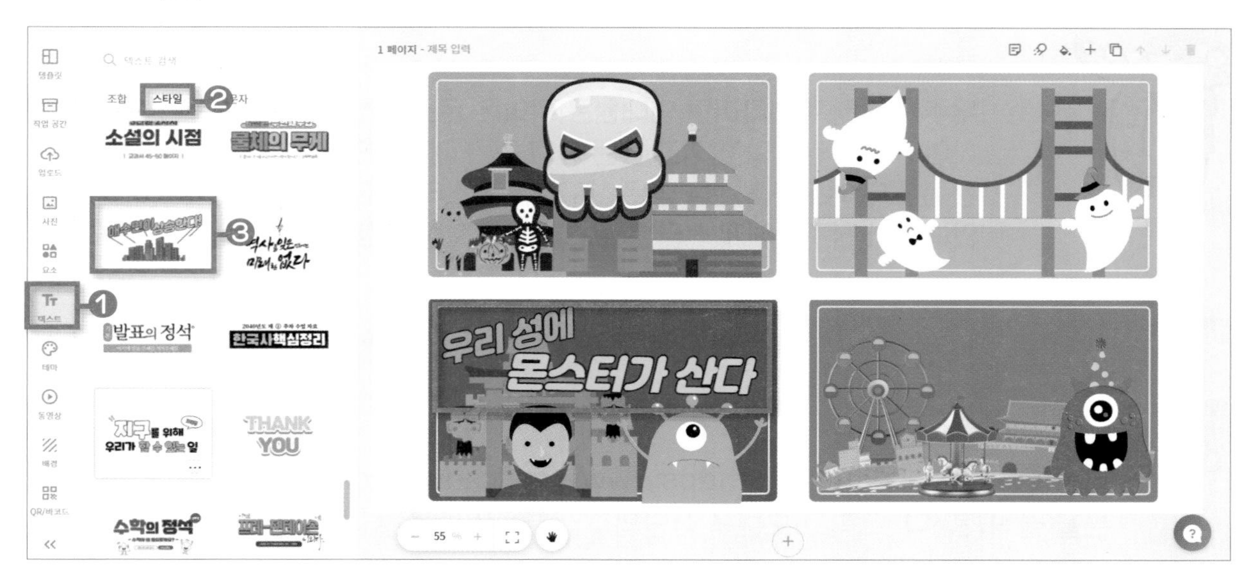

05 » **01~04**와 같은 방법으로 나머지 랜드마크 카드에도 제목을 입력합니다.

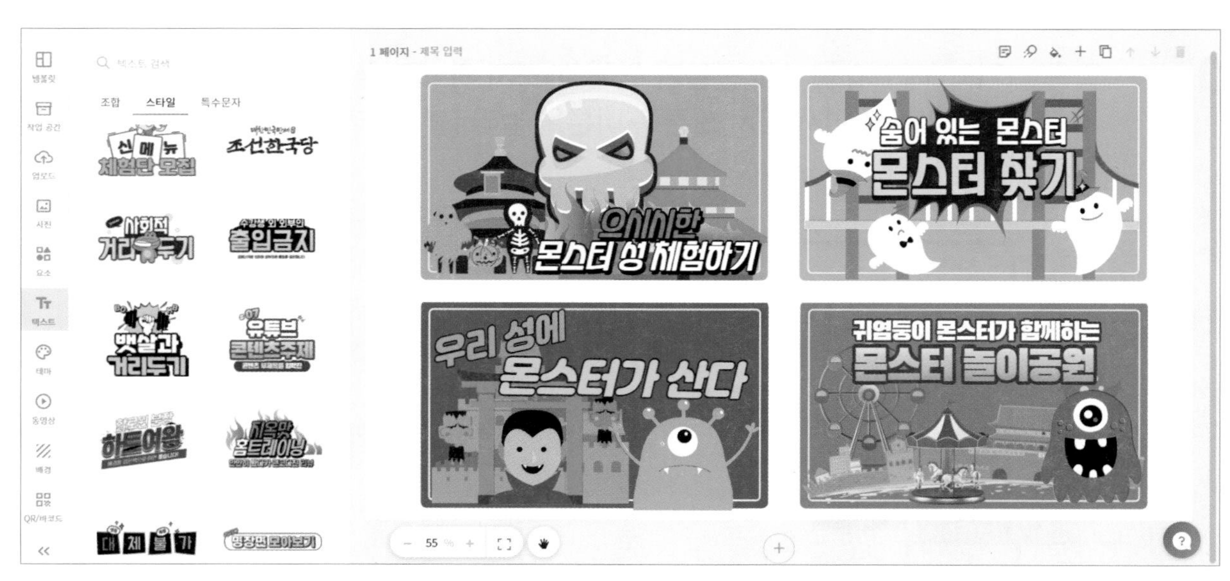

06 » 랜드마크 카드가 완성되면 제목(랜드마크)을 입력하고, 다운로드 - JPG - 빠른 다운로드 버튼을 순서대로 클릭하여 컴퓨터에 저장합니다.

14

으히히히 몬스터 메모지 만들기

- 메모지 '틀' 추가하기
- 메모지 색상 바꾸기
- 요소 추가하여 메모지 꾸미기
- 메모지에 '명언' 추가하기

우주선 앞에서 기다리던 안내원은 귀여운 몬스터였어요. 안내원은 랜드마크를 구경하며 궁금한 점이나 남기고 싶은 말이 있을 때 메모할 수 있는 메모지 건넸어요. 귀여운 몬스터 메모지를 선물 받은 친구들은 몬스터가 조금도 무섭지 않았어요.
안내원이 친구들에게 선물한 몬스터 메모지를 상상하며 디자인해 보아요.

1 메모지 '틀' 추가하기

01 » 크롬( )을 통해 미리캔버스(https://www.miricanvas.com/)에 접속한 후 바로 시작하기 버튼을 클릭합니다. 그리고 오른쪽 상단의 로그인 버튼을 눌러 정보를 입력한 후 로그인합니다.

02 » [캔버스 사이즈]를 클릭하여 사이즈 종류가 나타나면 [문서 서식]을 클릭합니다.

03 » 요소 - 일러스트 에서 '메모지'를 검색하여 무료 이미지를 캔버스에 추가합니다.

04 » 같은 크기의 '메모지'를 4개 만들기 위해 '메모지'의 크기를 조절한 후 마우스 오른쪽 버튼을 눌러 [복사]합니다. 이어서 다시 오른쪽 버튼을 눌러 [붙여넣기]를 3번 클릭한 후, 위치를 다음 그림과 같게 합니다.

2 메모지 색상 바꾸기

01 » 첫 번째 '메모지'를 선택한 후 [일러스트] 속성에서 [색상]을 바꿉니다.

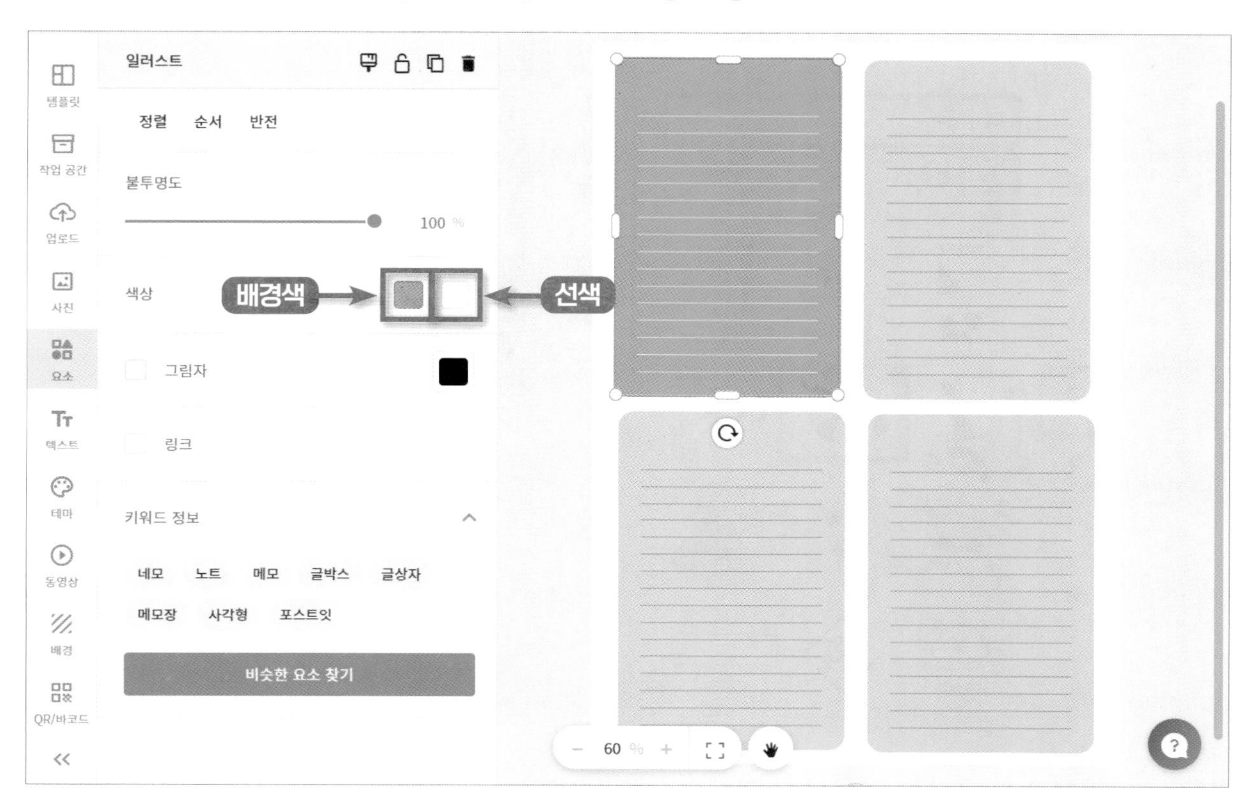

02 » **01**과 같은 방법으로 나머지 메모지의 색상도 바꿉니다.

3 요소 추가하여 메모지 꾸미기

01 » 요소 - 전체 에서 '몬스터'를 검색하여 무료 이미지를 메모지에 추가합니다. 이어서 크기를 조절한 후 위치를 이동시킵니다.

02 » 귀여운 메모장을 완성하기 위해 '몬스터' 이미지를 더 추가한 후, 크기를 작게 조절하여 메모지 가운데로 이동시켜 봅니다.

03 » 01~02와 같은 방법으로 나머지 메모지도 꾸며 봅니다.

4 메모지에 '명언' 추가하기

01 » 요소 에서 '명언'을 검색하여 무료 명언을 클릭합니다.

02 » '명언'의 조절점을 마우스로 드래그하여 크기를 조절한 후, 위치를 이동시킵니다.

03 » [비트맵] 속성에서 '명언'의 [색상]을 바꿉니다.

04 » 나머지 메모지에도 '명언'을 추가해 봅니다.

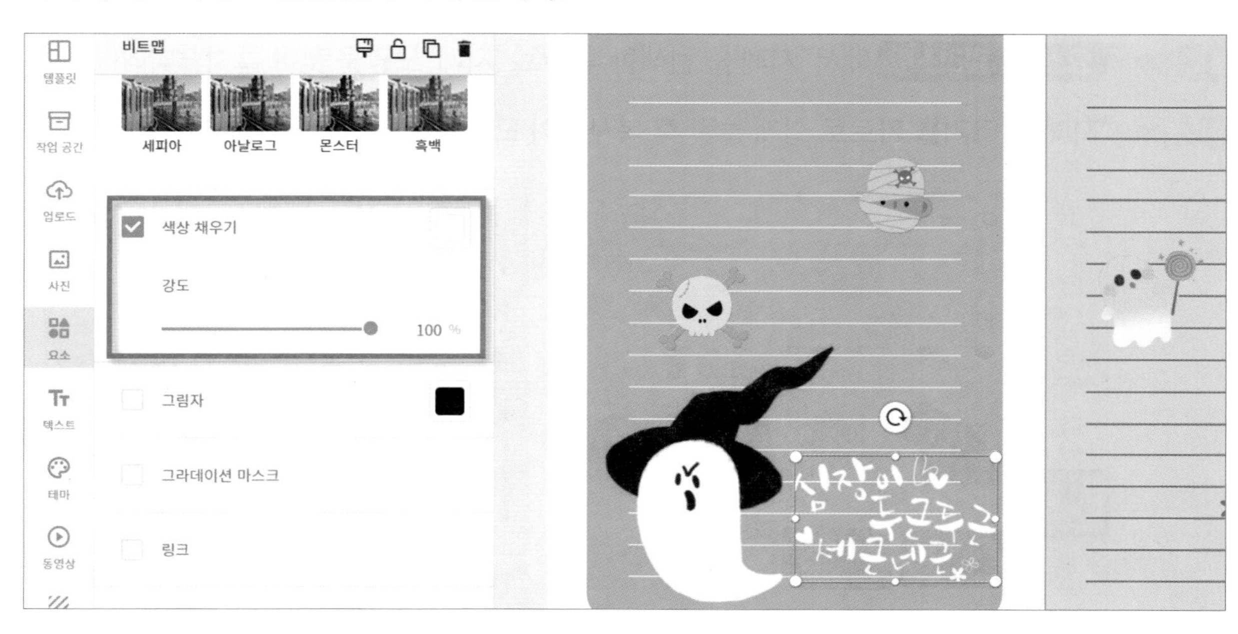

05 » 메모지가 완성되면 제목(메모지)을 입력하고, 다운로드 - JPG - 빠른 다운로드 버튼을 순서대로 클릭하여 컴퓨터에 저장합니다.

15

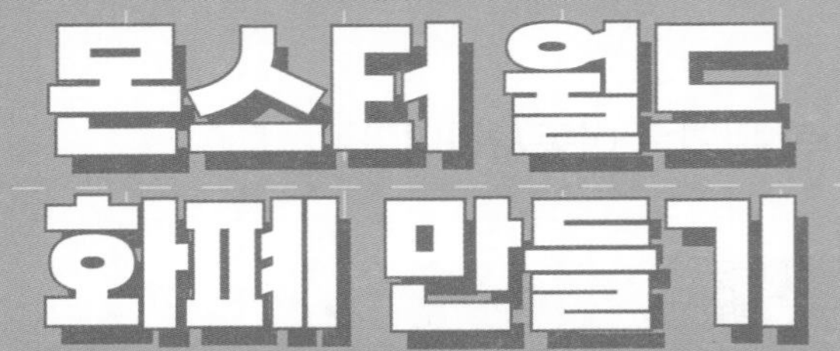

- 화폐 '틀' 추가하기
- 화폐의 단위에 따라 색상 바꾸기
- 화폐에 몬스터 얼굴 추가하기
- 화폐 단위 입력하기

안내원과 함께 몬스터 월드의 랜드마크를 관광한 친구들은 새로운 경험에 신이 났어요. 그런데 "꼬르르륵~" 친구들의 배에서 소리가 났어요. 그러자 안내원은 친구들을 맛있는 음식이 있는 시장으로 데리고 갔어요. 그러고는 "자, 이 화폐로 식사를 하고 오세요."라고 하며 멤버들에게 화폐를 나누어 주었어요.
안내원이 나누어 준 몬스터 월드의 화폐를 상상하며 디자인해 보아요.

1 화폐 '틀' 추가하기

01 » 크롬( )을 통해 미리캔버스(https://www.miricanvas.com/)에 접속한 후 바로 시작하기 버튼을 클릭합니다. 그리고 오른쪽 상단의 로그인 버튼을 눌러 정보를 입력한 후 로그인합니다.

02 » [캔버스 사이즈]를 클릭하여 사이즈 종류가 나타나면 [문서 서식]을 클릭합니다.

03 » 요소 - 일러스트 에서 '지폐'를 검색한 후 무료 '지폐' 모양을 찾아 클릭합니다.

04 » '지폐'의 크기를 가로로 길게 늘린 후 복사하여 모두 4개가 되도록 붙여 넣습니다.

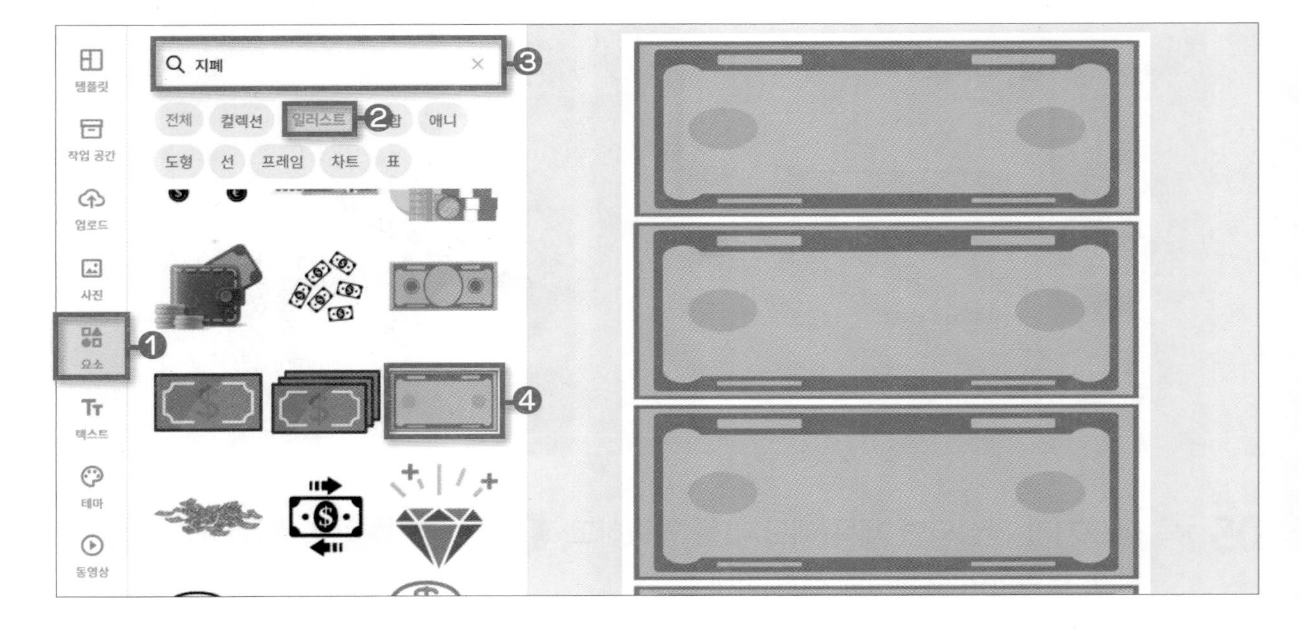

2 화폐의 단위에 따라 색상 바꾸기

01 » 첫 번째 '지폐'를 선택한 후 [일러스트]에서 배경색과 선색의 [색상]을 모두 바꿉니다.

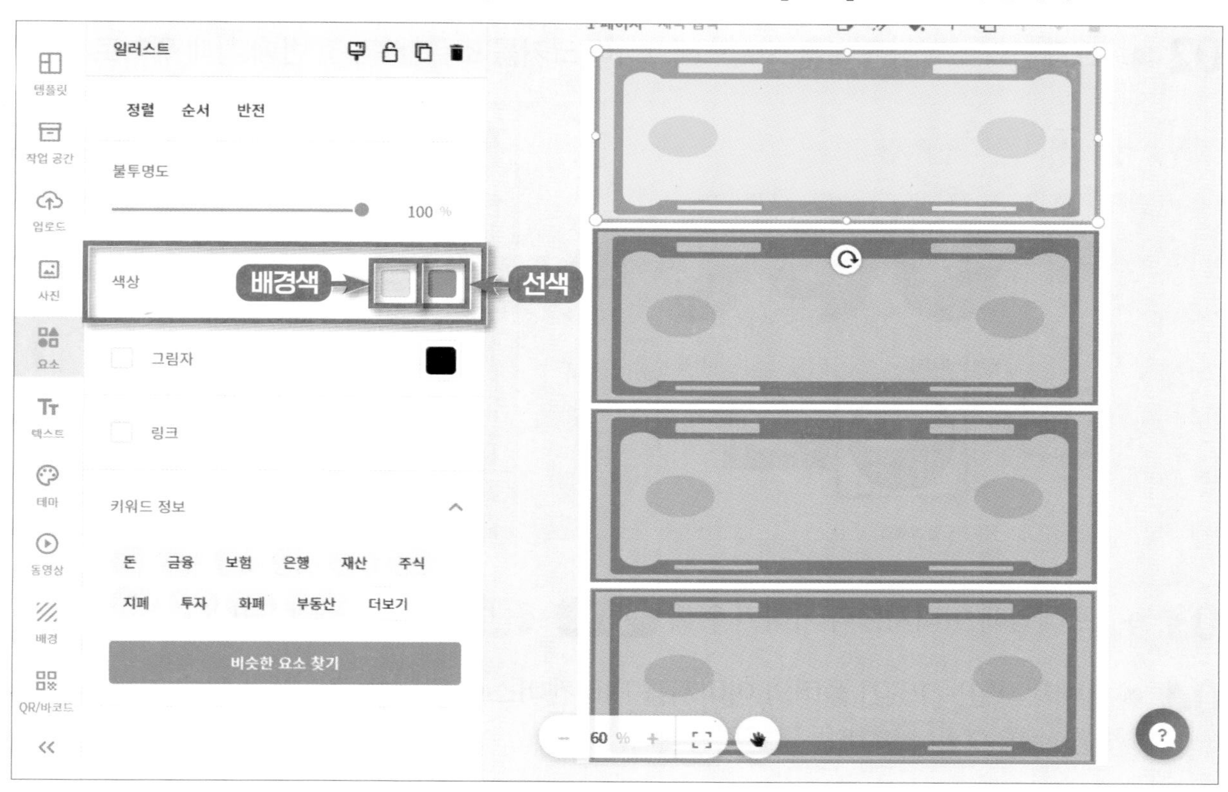

02 » **01**과 같은 방법으로 나머지 '지폐'의 색상도 다음 그림과 같이 바꿉니다.

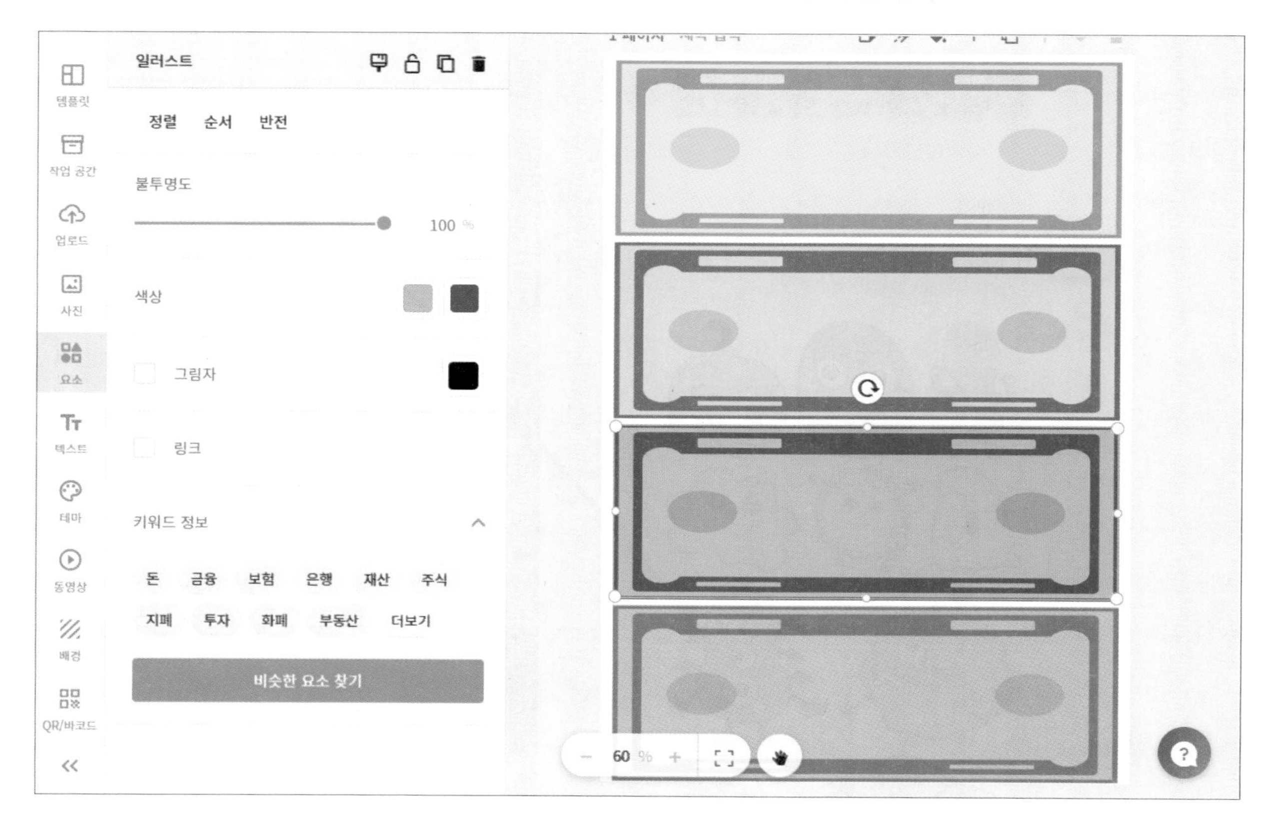

3 화폐에 몬스터 얼굴 추가하기

01 » 요소 - 프레임 -[외곽선 프레임]에서 둥근 외곽선을 클릭합니다.

02 » 프레임의 조절점을 마우스로 드래그하여 크기를 조절한 후, 첫 번째 지폐 위치로 이동시킵니다.

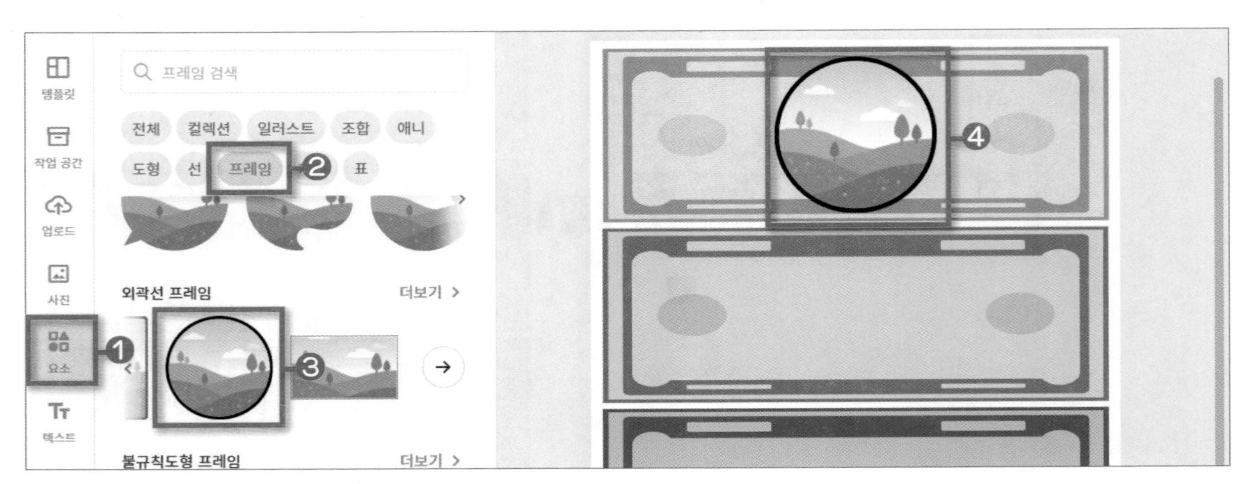

03 » 프레임에 이미지를 추가하기 위해 업로드 - 업로드 버튼을 클릭합니다.

04 » [예제파일]-[15강] 폴더의 이미지를 미리캔버스로 모두 업로드하기 위해 키보드의 Ctrl + A 키를 누른 후 열기 버튼을 클릭합니다.

05 » 업로드된 이미지를 '프레임' 안으로 드래그하여 넣습니다.

06 » 01~05와 같은 방법으로 나머지 '지폐'에도 몬스터 이미지를 추가해 봅니다.

4 화폐 단위 입력하기

01 » 텍스트 -[제목 텍스트 추가]를 클릭하여 '100'을 입력한 후 텍스트의 크기와 위치를 조절합니다.

02 » 텍스트 속성에서 '글꼴'과 '글자색'을 자유롭게 바꾸어 봅니다.

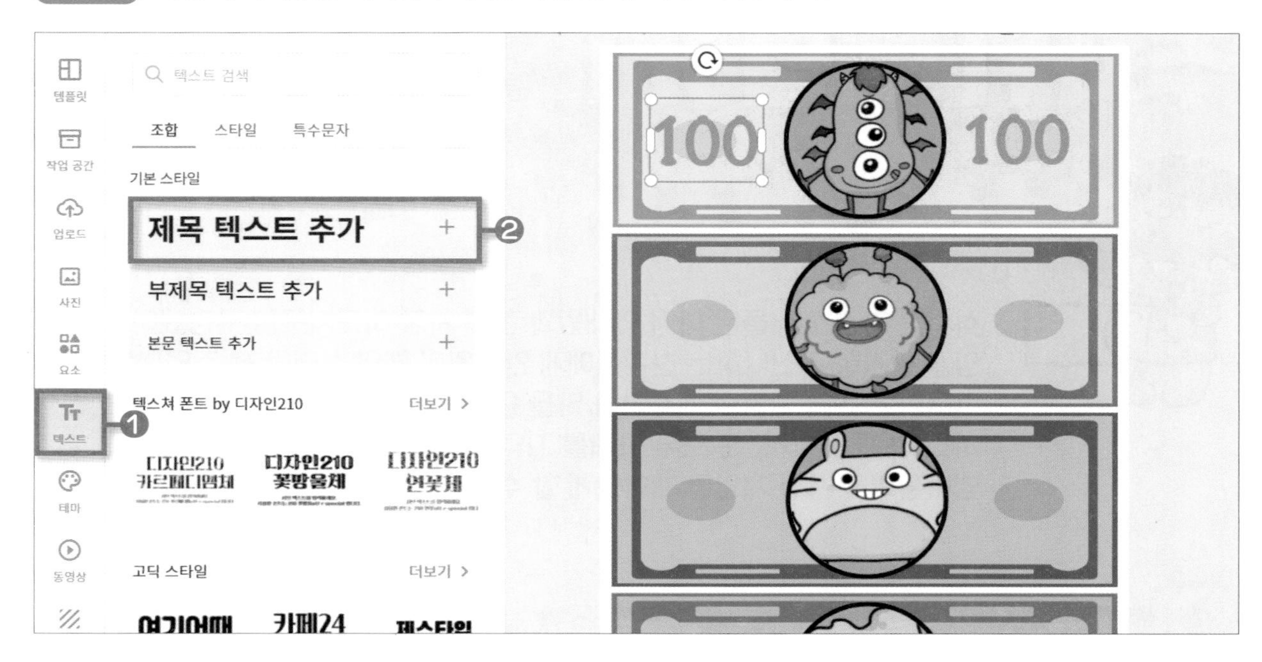

03 » 01~02와 같은 방법으로 나머지 '지폐'에도 화폐 단위를 입력합니다.

04 » 화폐가 완성되면 제목(화폐)을 입력하고, 다운로드 - JPG - 빠른 다운로드 버튼을 순서대로 클릭하여 컴퓨터에 저장합니다.

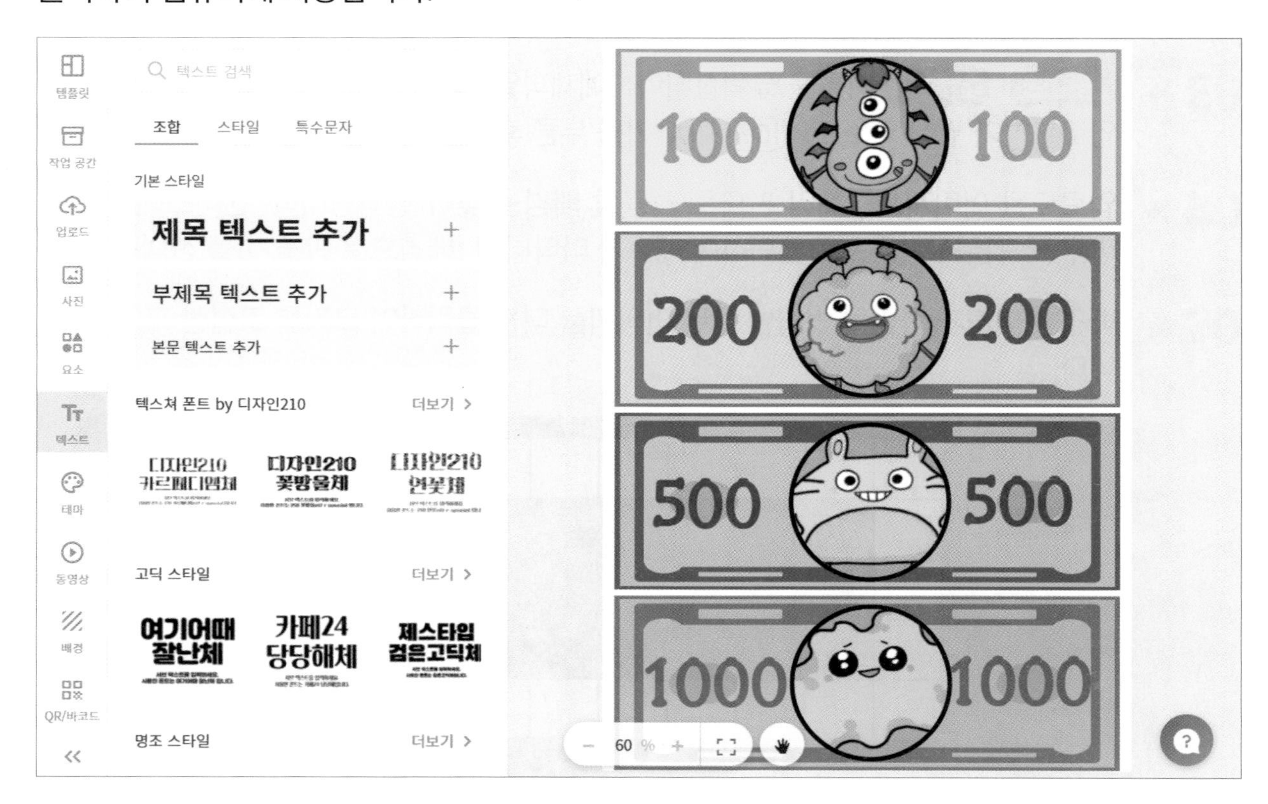

16

몬스터와 주사위 게임하기

학습목표

- 게임 '틀' 배경으로 추가하기
- '칸'마다 '미션'과 '무효권' 입력하기
- 게임의 이름 만들고, 요소 추가하기
- 주사위 만들기

식사를 마친 멤버들은 다시 안내원과 함께 시장 이곳저곳을 구경했어요. 주사위 게임을 발견하고 신나하는 친구들에게 안내원이 게임 설명을 해 주었어요. "주사위에 그려진 몬스터 그림의 개수만큼 말을 움직이는 게임이에요. 게임을 한번 진행해 보시겠어요?" 멤버들은 모두 고개를 끄덕였어요.
멤버들이 주사위 게임을 재미있게 할 수 있도록 기획하고 만들어 보아요.

1 게임 '틀' 배경으로 추가하기

01 » 크롬( )을 통해 미리캔버스(https://www.miricanvas.com/)에 접속한 후 바로 시작하기 버튼을 클릭합니다. 그리고 오른쪽 상단의 로그인 버튼을 눌러 정보를 입력한 후 로그인합니다.

02 » [캔버스 사이즈]를 클릭하여 사이즈 종류가 나타나면 [프레젠테이션]을 클릭합니다.

03 » 업로드 - 업로드 버튼을 클릭합니다. [예제파일]-[16강] 폴더의 이미지를 미리캔버스로 모두 업로드하기 위해 키보드의 Ctrl + A 키를 누른 후 열기 버튼을 클릭합니다.

04 » 업로드된 이미지 중, 게임 판으로 사용할 배경을 찾아 클릭합니다. 캔버스에 추가된 이미지를 마우스 오른쪽 버튼으로 클릭하여 메뉴가 나타나면 [배경으로 만들기]를 선택합니다.

05 » 배경 이미지가 화면을 벗어날 경우 이미지를 더블 클릭하여 크기를 조절한 후 체크를 클릭합니다.

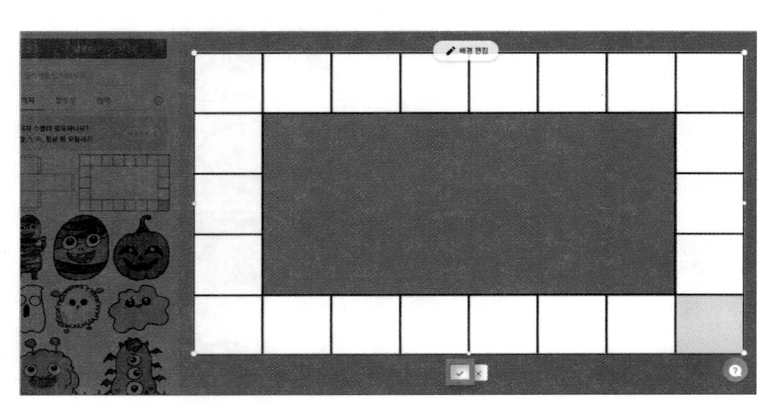

미리캔버스 tip

배경 이미지를 움직이지 않게 하려면 이미지의 크기를 페이지에 맞게 조절한 후 마우스 오른쪽 버튼을 눌러 [잠금]을 적용해도 됩니다.

2 '칸'마다 '미션'과 '무효권' 입력하기

01 » 텍스트 -[본문 텍스트 추가]를 클릭하여 '벌칙 무효권'을 입력합니다.

02 » 텍스트 속성에서 '글꼴', '글자색'을 바꿉니다.

03 » 텍스트의 조절점을 마우스로 드래그하여 크기를 조절한 후 위치를 이동시킵니다.

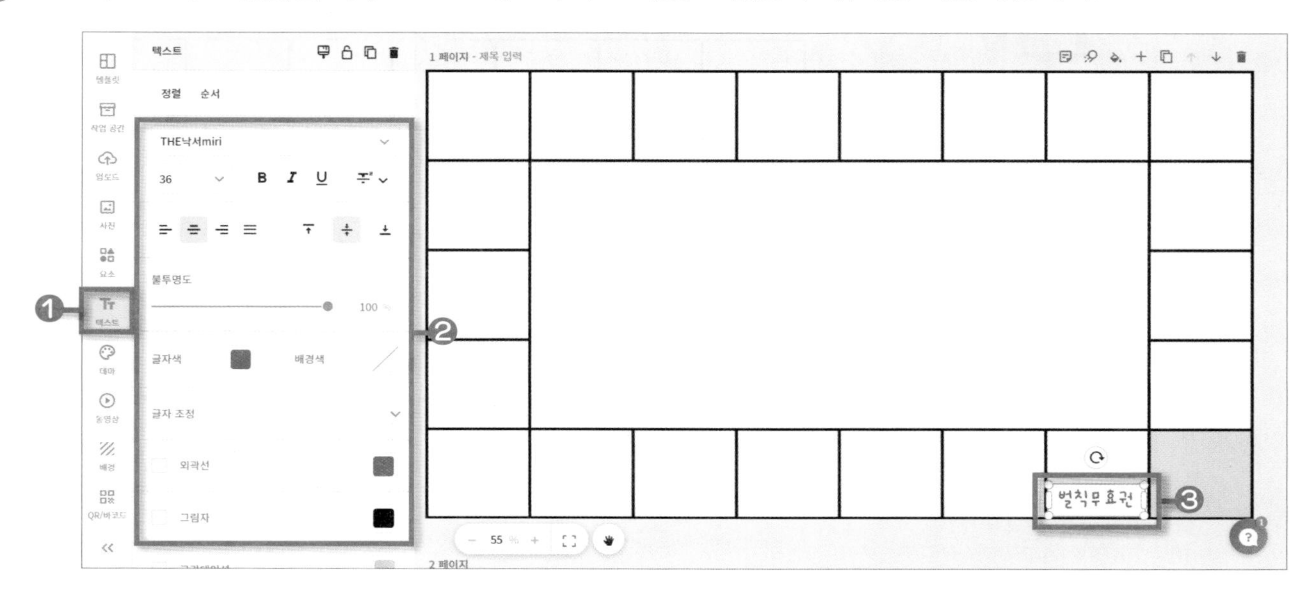

04 » 01~03과 같은 방법으로 다양한 '미션'과 '무효권'을 다음 그림과 같이 입력합니다.

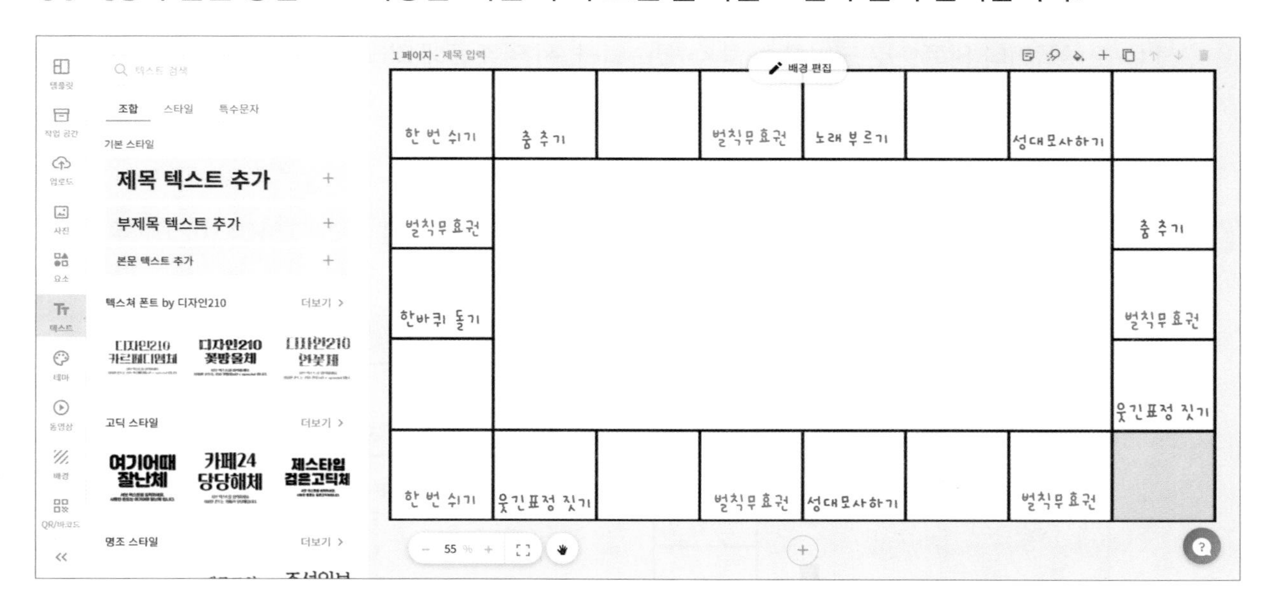

어드벤처 tip

게임 '미션'과 '무효권'으로 모든 칸을 채우지 않도록 합니다. 빈칸은 '순간 이동' 칸으로 만들 수도 있고, 미션이 없는 칸으로도 만들 수 있습니다.

3 순간 이동 '칸' 만들기

01 » 다양한 모양의 '선'을 추가하기 위해 요소 - 선 에서 '화살표'를 검색합니다.

02 » 마음에 드는 '선'을 클릭한 후, 선의 조절점을 마우스로 드래그하여 오른쪽으로 늘립니다.

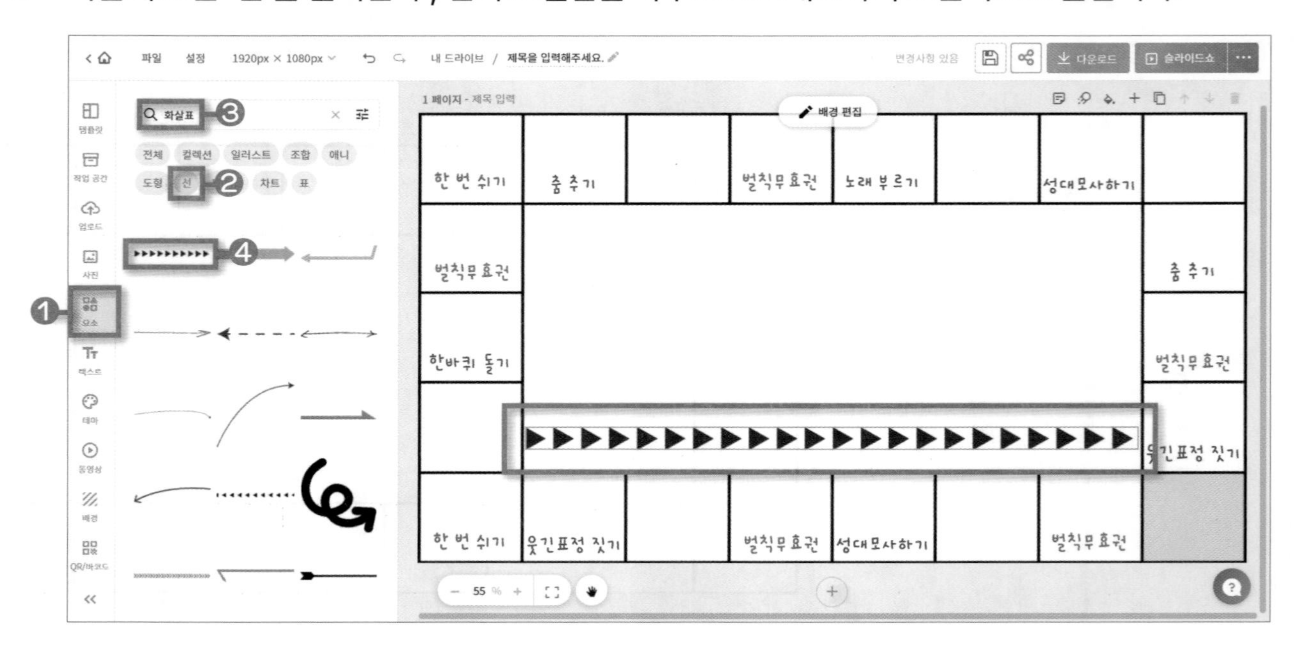

미리캔버스 tip

'선'은 오른쪽이나 왼쪽으로 크기를 늘릴 수 있습니다. 선은 종류에 따라서 이미지 크기가 늘어나는 것도 있고, 선의 모양이 더 추가되는 것도 있습니다.

03 » '선'을 클릭하여 색상을 바꾸고, 회전 버튼( )을 마우스로 드래그하여 빈칸으로 향하게 합니다.

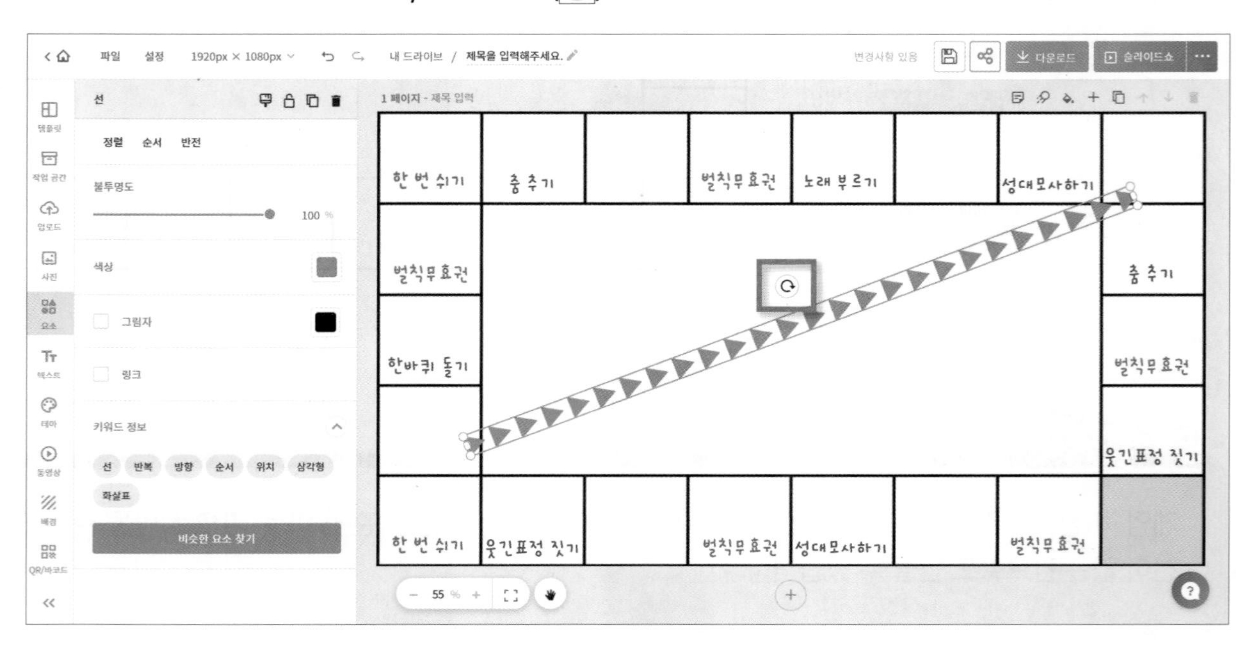

04 » 01~03과 같은 방법으로 화살표를 넣어 순간 이동할 수 있는 '칸'을 더 만들어 봅니다.

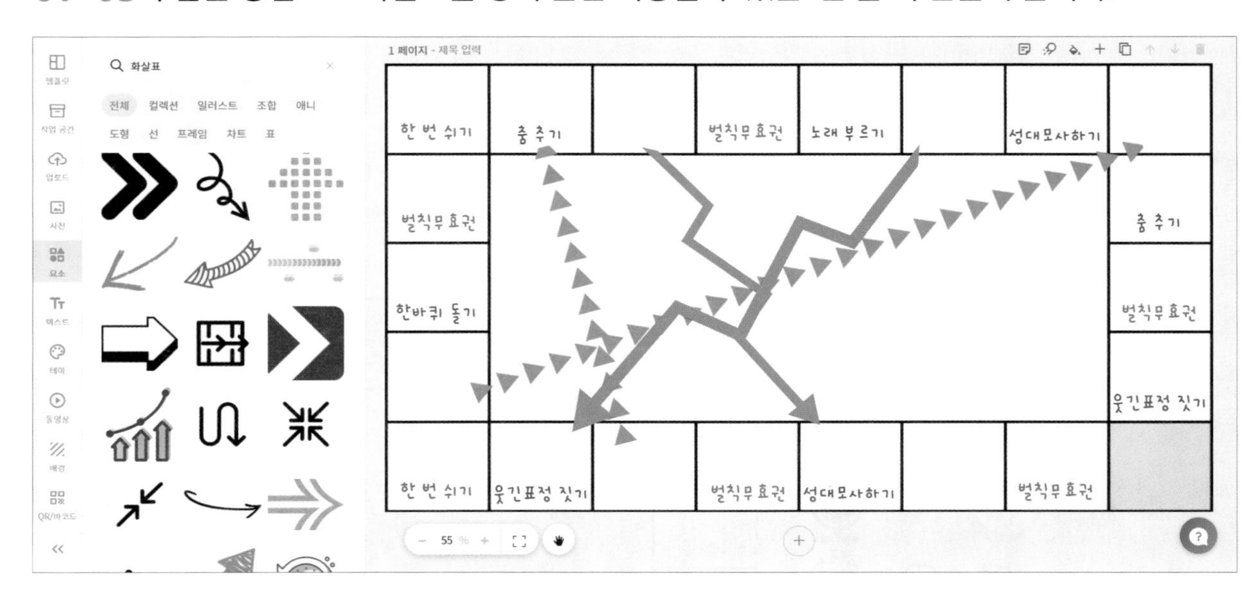

4 게임 판에 게임 이름 만들어 넣기

01 » 텍스트 -[스타일]-[로고/타이틀]에서 마음에 드는 스타일을 선택합니다.

02 » 텍스트를 선택한 후 마우스 오른쪽 버튼을 눌러 [그룹해제]를 클릭합니다.

03 » 불필요한 텍스트 요소는 삭제하고, 보드 게임의 이름을 입력합니다.

어드벤처 tip

보드 게임의 이름은 미션과 벌칙의 종류 등을 살펴보고, 게임의 특징과 어울리게 만들어 봅니다.

5 게임에 어울리는 요소 추가하기

01 » 요소 에서 '마이크'를 검색한 후 무료 이미지를 선택합니다.

02 » '마이크' 이미지의 크기를 조절한 후, '노래 부르기' 칸으로 이동시킵니다.

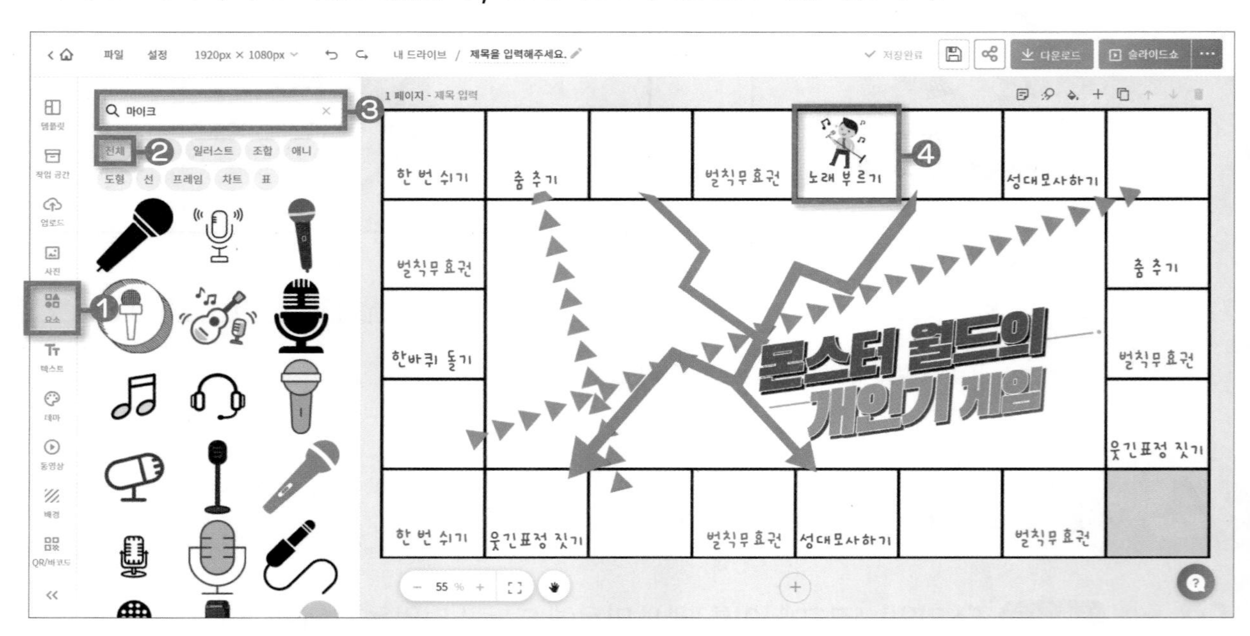

03 » **01~02**와 같은 방법으로 다음 그림과 같이 '칸'마다 무료 이미지를 추가합니다.

어드벤처 tip 요소 검색어

몬스터, 여행, 캐릭터, 아고 등

6 주사위 만들기

01 » 페이지 상단에서 새 페이지 추가(+) 버튼을 클릭합니다.

02 » 업로드 에서 주사위 전개도를 선택한 후, 조절점을 마우스로 드래그하여 크기를 조절합니다.

03 » 마우스 오른쪽 버튼을 눌러 [잠금]을 설정합니다.

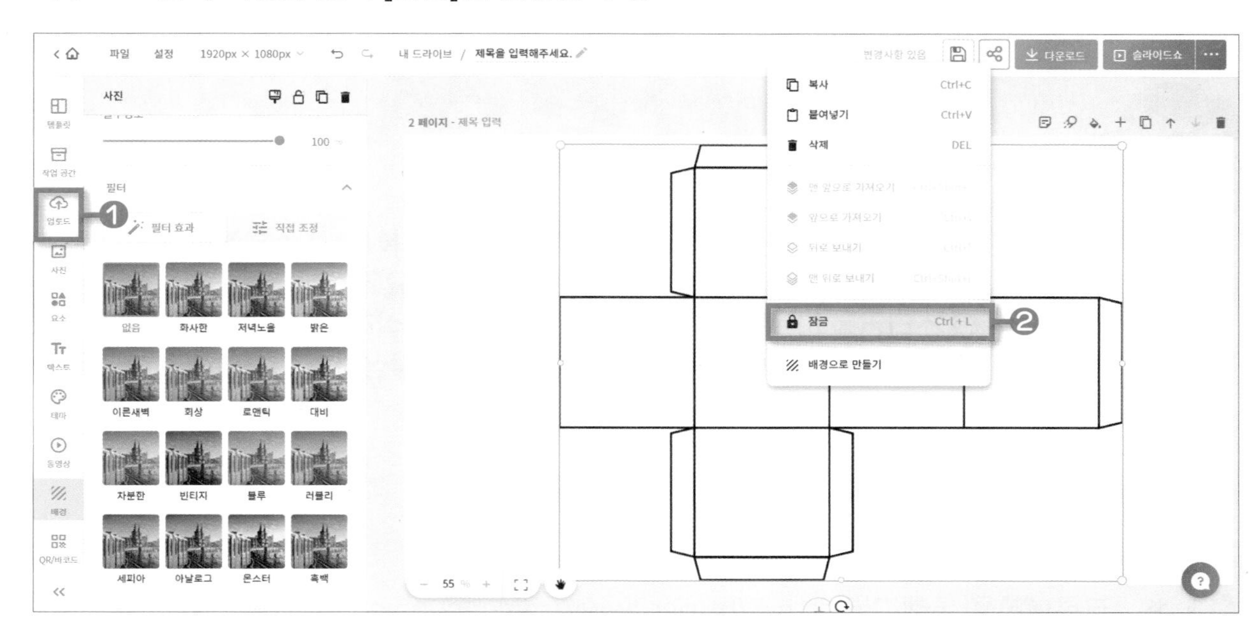

04 » 요소 에서 몬스터를 검색하여 무료 이미지를 각 칸에 1~6개 추가하여 주사위의 숫자와 같이 표현합니다.

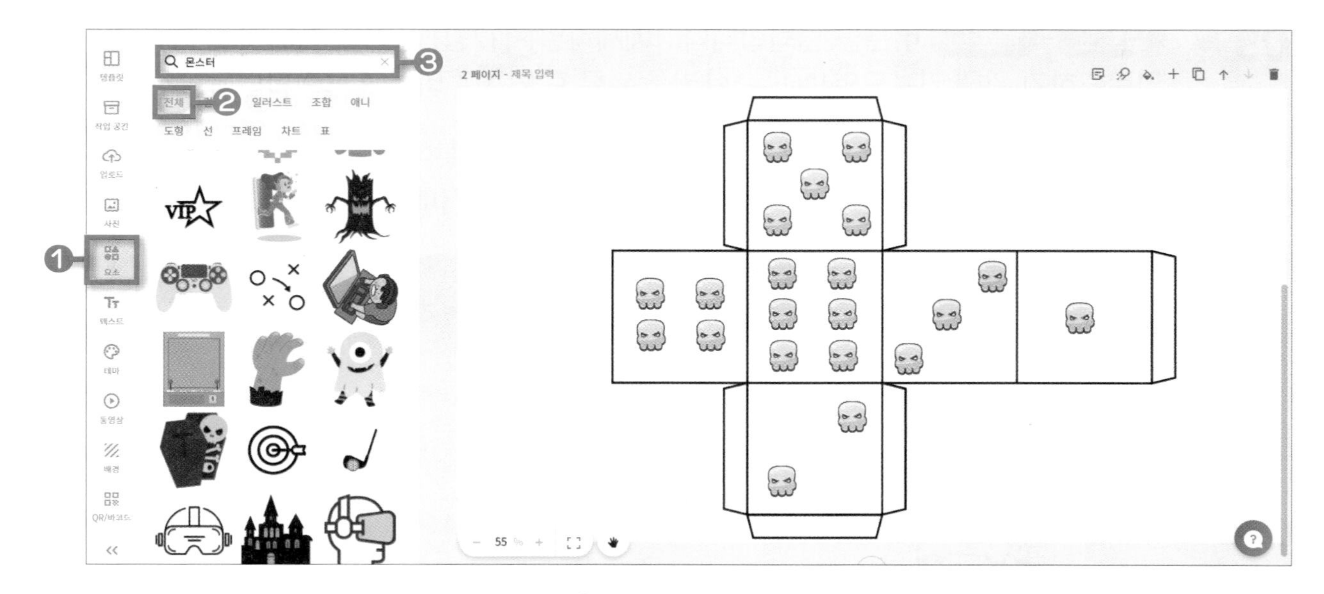

05 » 주사위가 완성되면 제목(주사위)을 입력하고, 다운로드 - JPG - 빠른 다운로드 버튼을 순서대로 클릭하여 컴퓨터에 저장합니다.

06 » 완성한 게임 판과 주사위를 인쇄하여 게임을 진행해 봅니다.

몬스터 스티커 구매하기

학습목표

- 스티커 배경 추가하기
- 스티커 '틀' 만들기
- 프레임에 그림 넣기
- 스티커 제목을 입력하고 저장하기

시장 구경에 정신이 팔린 친구들 앞에 누군가 나타나서 스티커를 붙였어요. "와! 이 스티커 갖고 싶다…. 이거 어디에서 파는 건가요?" 스티커를 붙인 사람은 다름 아닌 스티커를 파는 상인이었어요. "스티커 한 장 살래요!"
귀여운 몬스터 스티커는 어떻게 생겼을까요? 상상하며 디자인해 보아요.

1 스티커 배경 추가하기

01 » 크롬(　)을 통해 미리캔버스(https://www.miricanvas.com/)에 접속한 후 바로 시작하기 버튼을 클릭합니다. 그리고 오른쪽 상단의 로그인 버튼을 눌러 정보를 입력한 후 로그인합니다.

02 » [캔버스 사이즈]를 클릭하여 사이즈 종류가 나타나면 [문서 서식]을 클릭합니다.

03 » 업로드 - 업로드 버튼을 클릭합니다. [예제파일]-[17강] 폴더의 이미지를 미리캔버스로 모두 업로드하기 위해 키보드의 Ctrl + A 키를 누른 후 열기 버튼을 클릭합니다.

04 » 업로드된 이미지 중, 스티커 배경으로 사용할 이미지를 찾아 클릭합니다. 캔버스에 추가된 이미지를 마우스 오른쪽 버튼으로 클릭하여 메뉴가 나타나면 [배경으로 만들기]를 선택합니다.

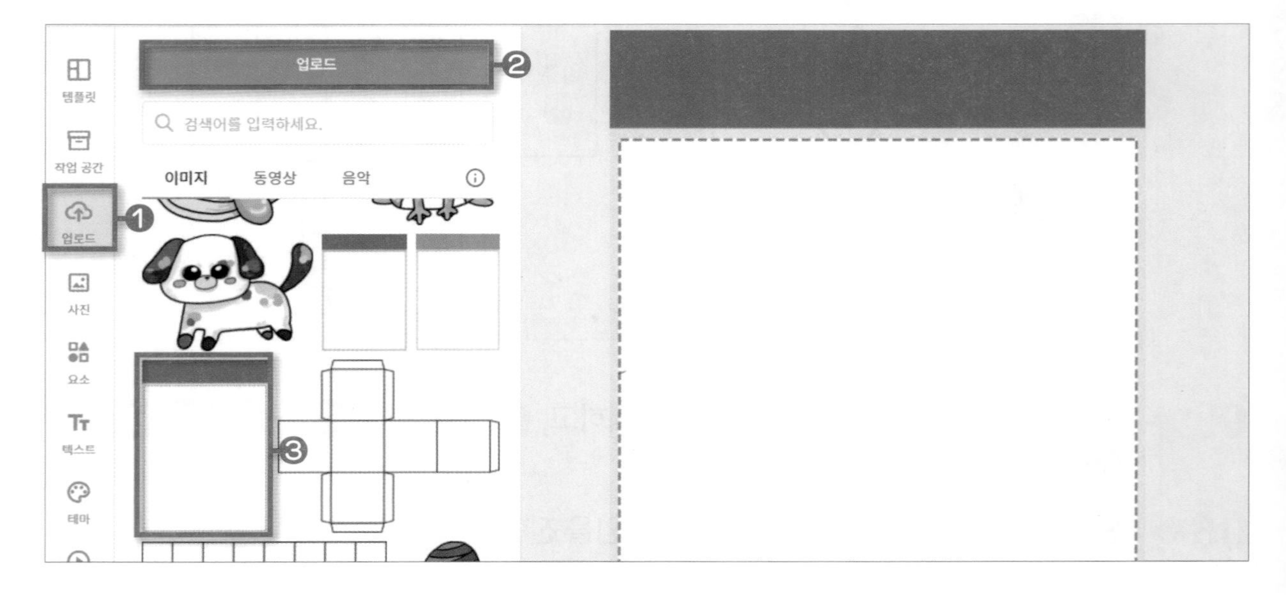

2 스티커 '틀' 만들기

01 » 요소 - 프레임 -[외곽선 프레임]의 '더보기'에서 원형 프레임을 찾아 클릭합니다.

02 » 프레임의 조절점을 마우스로 드래그하여 크기를 조절한 후 위치를 다음과 같이 이동시킵니다.

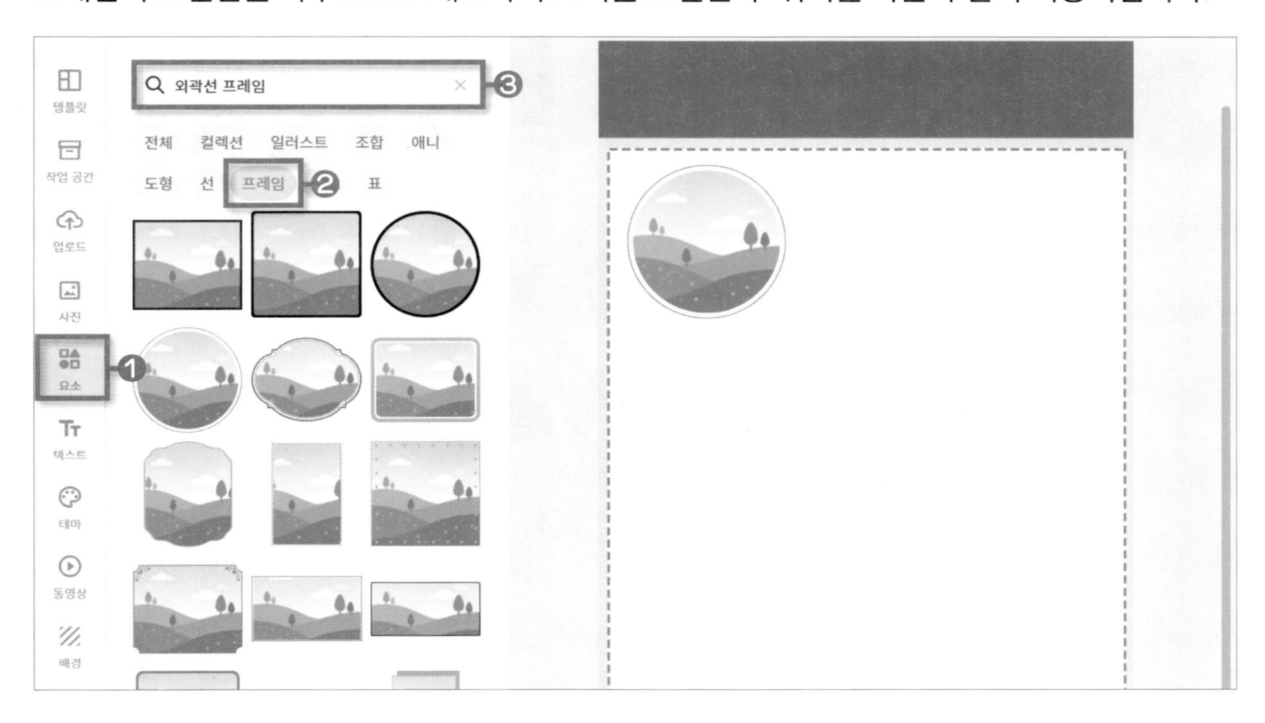

03 » 마우스 오른쪽 버튼을 눌러 나타난 메뉴에서 [복사], [붙여넣기]를 사용하여 다음 그림과 같이 프레임을 페이지 전체에 배치시킵니다. 그리고 프레임 속성에서 [색상]을 자유롭게 바꾸어 봅니다.

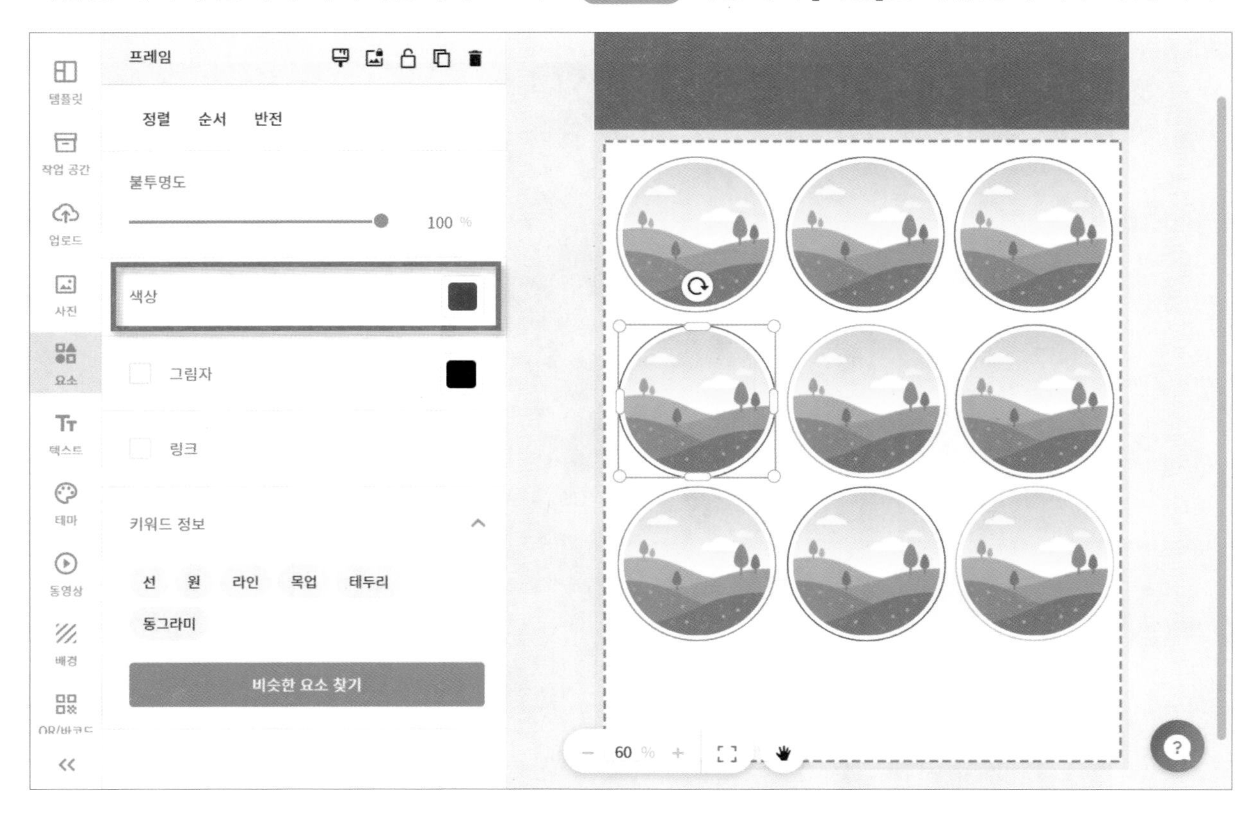

3 프레임에 그림 넣기

01 » 업로드 에서 스티커로 만든 이미지를 선택하여 프레임 안쪽으로 드래그하여 넣습니다.

02 » 프레임에 추가된 이미지를 더블 클릭하여 이미지의 크기와 위치를 조절한 후 체크(✓)를 클릭합니다.

03 » 01~02와 같은 방법으로 나머지 프레임에도 이미지를 넣어 봅니다.

04 » 요소 에서 '몬스터'를 검색하여 아래쪽 남은 공간에 무료 이미지를 추가해 봅니다.

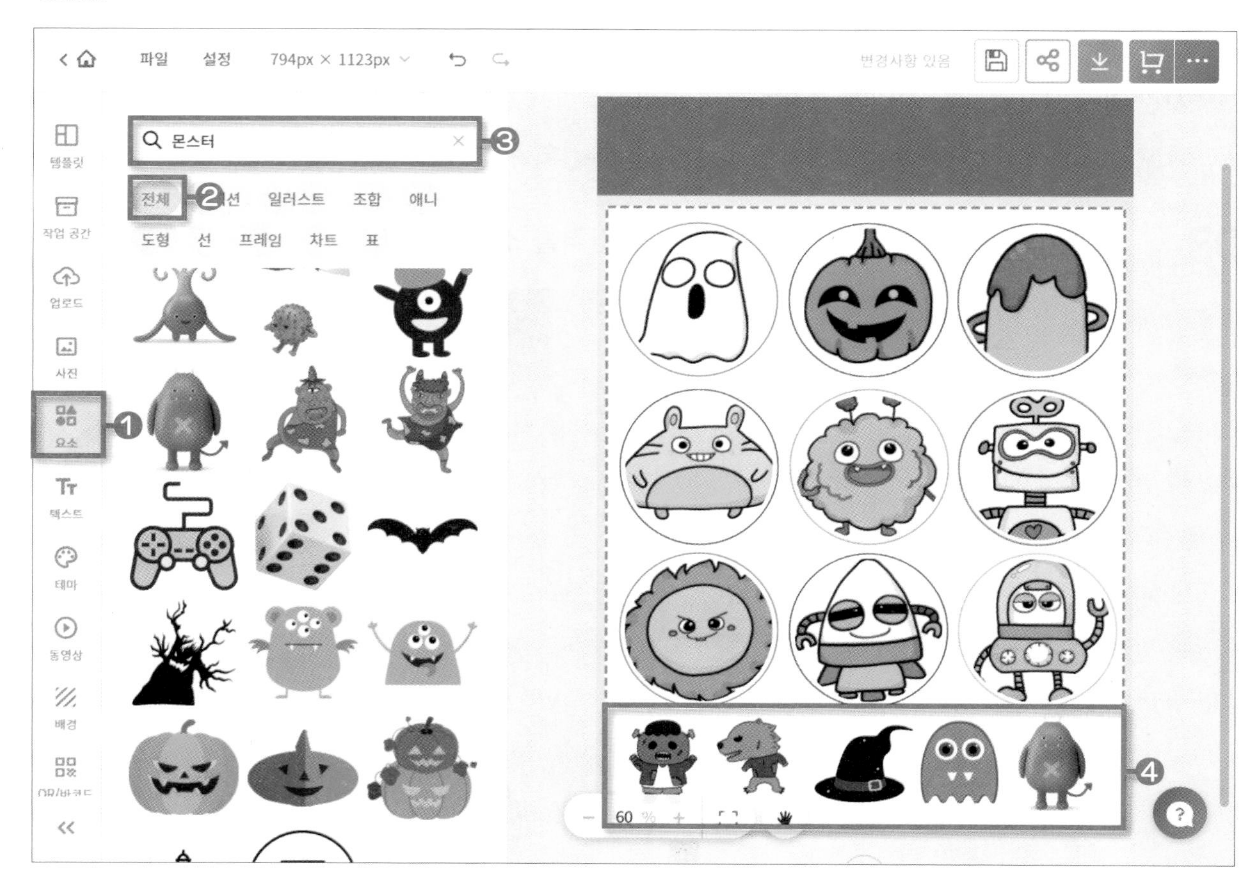

4 스티커 제목 입력하기

01 » 텍스트 -[제목 텍스트 추가]를 클릭한 후 '귀여운 몬스터 스티커'를 입력하고 위치를 이동시킵니다.

02 » 텍스트 속성에서 '글꼴'과 '글자색'을 바꾼 후, 자간을 변경하기 위해 [글자 조정]을 클릭합니다.

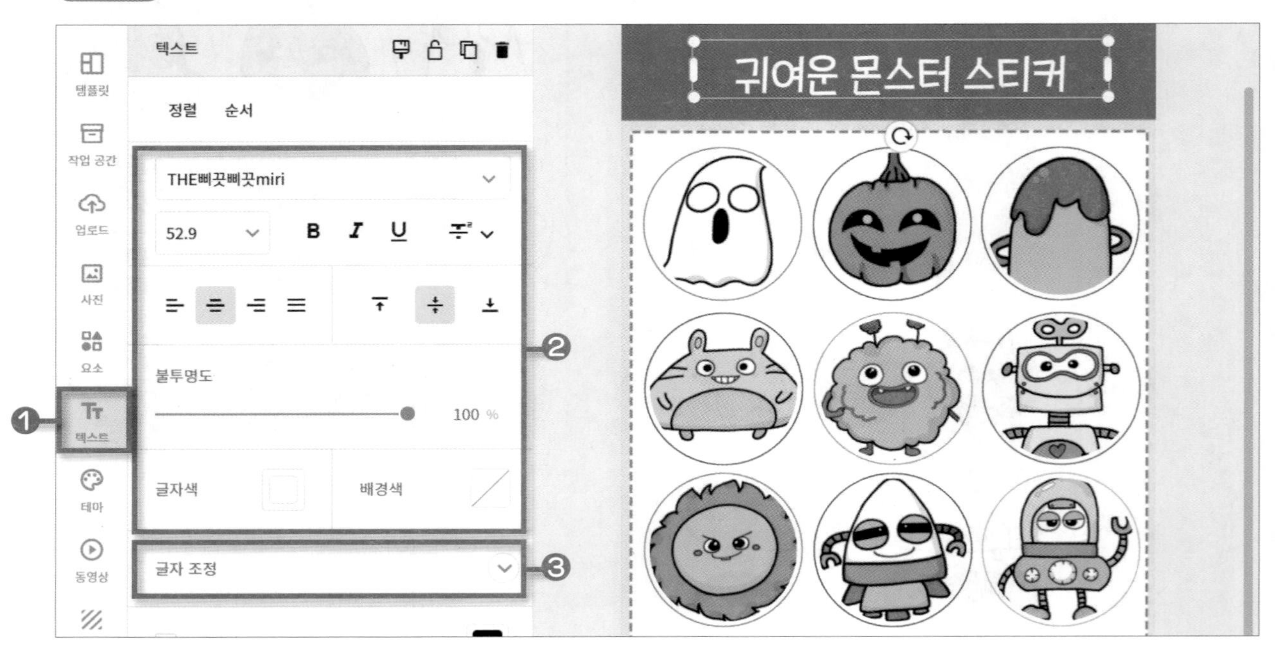

미리캔버스 tip

'자간'이란 글자와 글자 사이에 간격을 의미합니다.

03 » [자간]의 바를 드래그 하여 제목의 글자 간격을 조절합니다.

5 스티커 저장하고 활용하기

01 » 스티커가 완성되면 제목(스티커)을 입력하고, **다운로드** - **JPG** - **빠른 다운로드** 버튼을 순서대로 클릭하여 컴퓨터에 저장합니다.

02 » 스티커를 인쇄하여 다양한 곳에 활용해 봅니다.

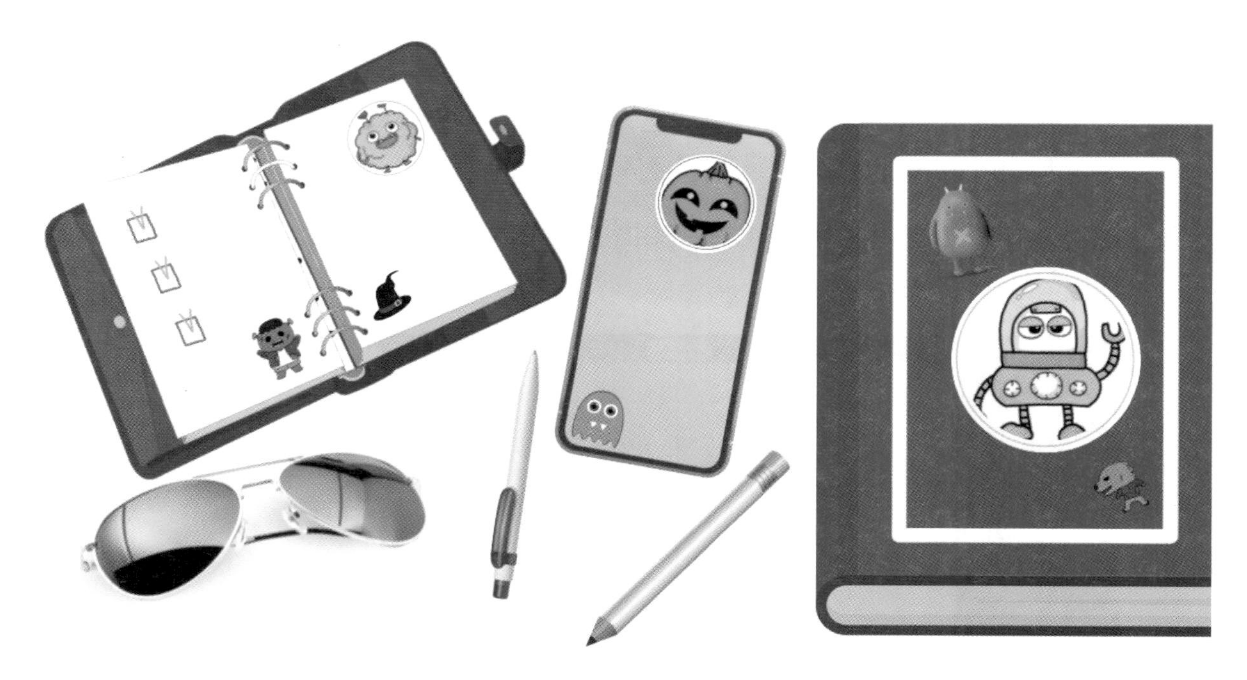

몬스터 엽서 만들기

학습목표

- 엽서 '틀'을 배경으로 추가하기
- 엽서에 붙일 '우표' 만들기
- 우표에 찍을 '도장' 만들기
- 엽서에 몬스터 어드벤처의 모습 담기

몬스터 월드의 구경을 끝낸 친구들은 떠나기 위해 우주선이 있는 곳으로 갔어요. 우주선 앞에는 친구들을 배웅하기 위해 안내원이 기다리고 있었어요. 안내원은 친구들에게 몬스터의 모습이 담긴 엽서를 선물로 주었어요. "이 엽서와 똑같이 만들어 보세요. 그럼 몬스터 월드의 행운이 여러분들을 찾아갈 거예요."
친구들이 선물 받은 엽서를 상상하며 디자인해 보아요.

1 엽서 '틀'을 배경으로 추가하기

01 » 크롬( )을 통해 미리캔버스(https://www.miricanvas.com/)에 접속한 후 바로 시작하기 버튼을 클릭합니다. 그리고 오른쪽 상단의 로그인 버튼을 눌러 정보를 입력한 후 로그인합니다.

02 » [캔버스 사이즈]를 클릭하여 사이즈 종류가 나타나면 [프레젠테이션]을 클릭합니다.

03 » 업로드 - 업로드 버튼을 클릭합니다. [예제파일]-[18강] 폴더에서 '엽서'를 클릭한 후 열기 버튼을 클릭합니다.

04 » 업로드된 '엽서'를 클릭합니다. 캔버스에 추가된 이미지를 마우스 오른쪽 버튼으로 클릭하여 메뉴가 나타나면 [배경으로 만들기]를 선택합니다.

05 » 배경 이미지가 화면을 벗어날 경우, 이미지를 더블 클릭하여 크기를 조절한 후 체크를 클릭합니다.

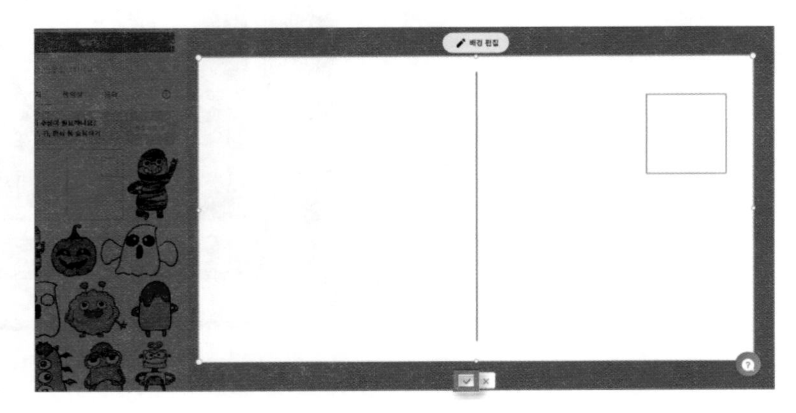

2 엽서에 붙일 '우표' 만들기

01 » 요소 - 프레임 에서 '우표'를 검색하여 마음에 드는 '우표'를 클릭합니다.

02 » '우표'의 조절점을 마우스로 드래그하여 크기를 조절한 후, 우표 위치로 이동시킵니다.

03 » [사진]에서 '여행'을 검색하여 마음에 드는 무료 이미지를 '프레임' 안쪽으로 드래그하여 넣습니다.

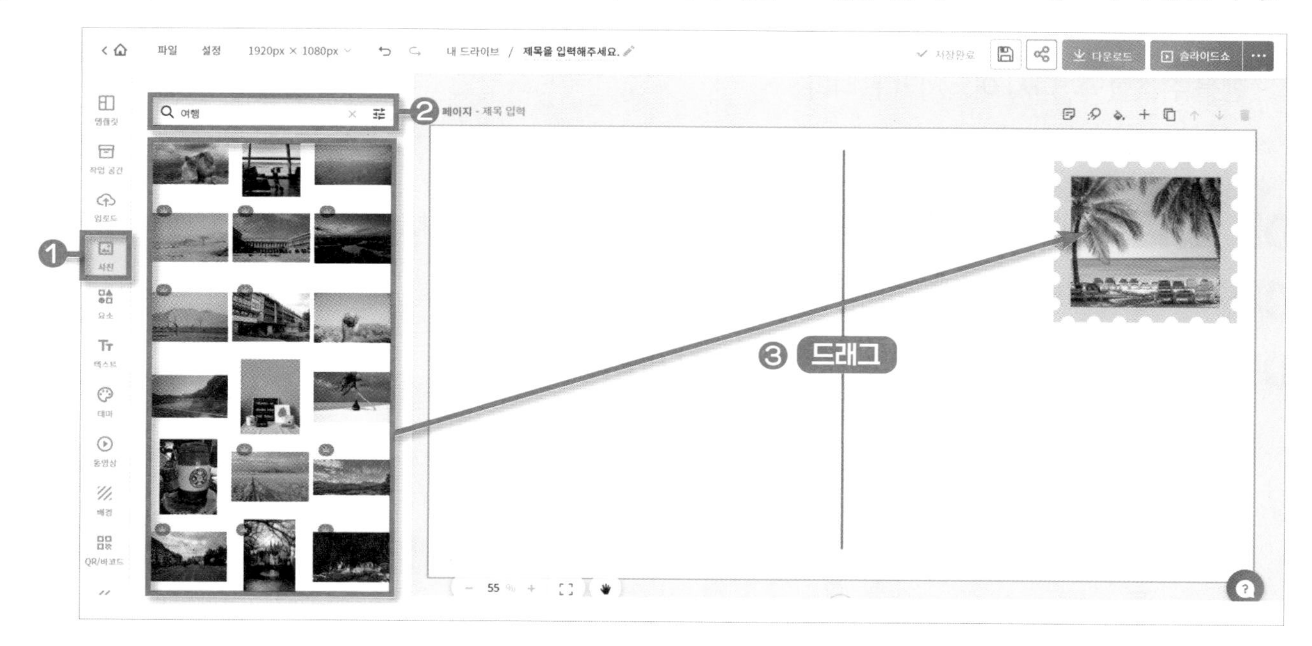

어드벤처 tip 마음에 드는 이미지가 없을 때

❶ 사진에 마음에 드는 이미지가 없다면 이전에 업로드 에 추가해 놓은 이미지를 활용해 보세요.

❷ 인터넷에서 무료 이미지를 검색하여 컴퓨터에 저장한 후, 미리캔버스로 업로드해서 활용할 수도 있습니다.

3 우표에 찍을 '도장' 만들기

01 » 요소 에서 '도장'을 검색한 후, 마음에 드는 무료 '도장 틀'을 찾아 클릭합니다.

02 » '도장 틀'의 조절점을 드래그하여 크기를 조절한 후, '우표' 프레임 가까이로 이동시킵니다.

미리캔버스 tip

'도장 틀'을 이동시키다가 '프레임' 안으로 이미지가 들어갈 수도 있습니다. 이때에는 Ctrl + Z 키를 눌러 실행을 취소한 후, 다시 이동시켜 봅니다.

03 » 요소 에서 도장으로 사용할 무료 '몬스터'를 찾아 넣습니다.

04 » '몬스터'의 조절점을 마우스로 드래그하여 크기를 조절한 후, '도장 틀' 위치로 이동시킵니다.

05 » [일러스트] 속성에서 '몬스터'의 색상을 바꿉니다.

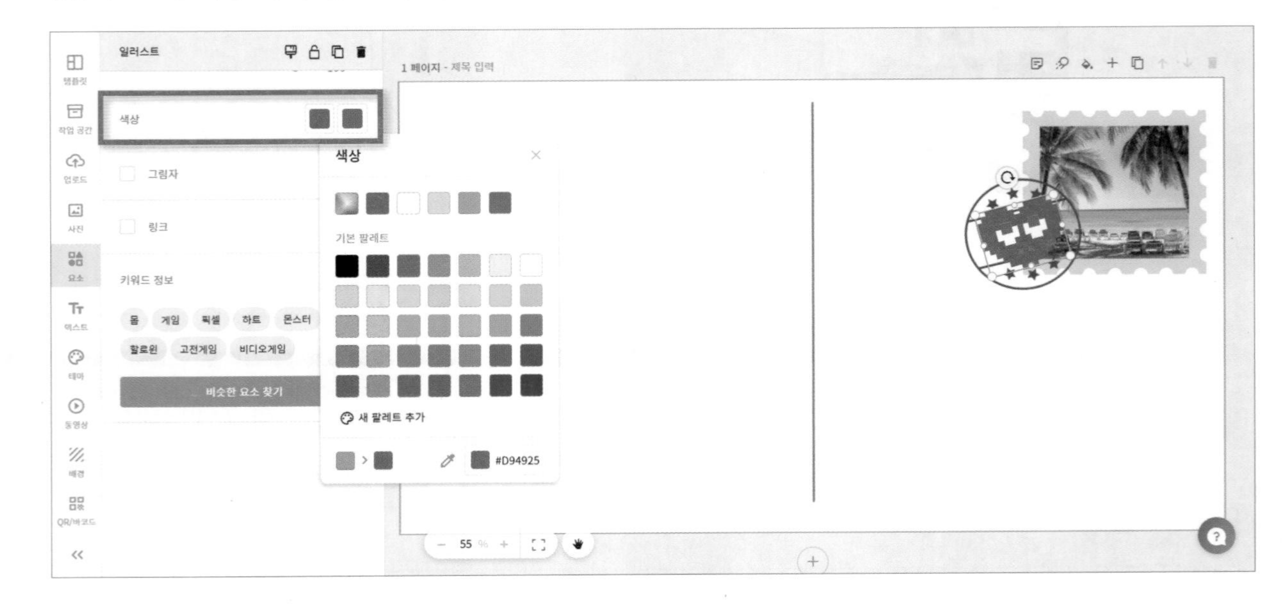

4 엽서에 몬스터 어드벤처의 모습 담기

01 » 요소 에서 '하늘'을 검색하여 무료 '밤하늘' 배경 이미지를 클릭합니다.

02 » '밤하늘' 이미지의 크기를 조절한 후, 위치를 다음과 같이 이동시킵니다.

03 » 요소 에서 '몬스터'를 검색하여 몬스터 어드벤처를 잘 나타낼 수 있는 '엽서'로 완성해 봅니다.

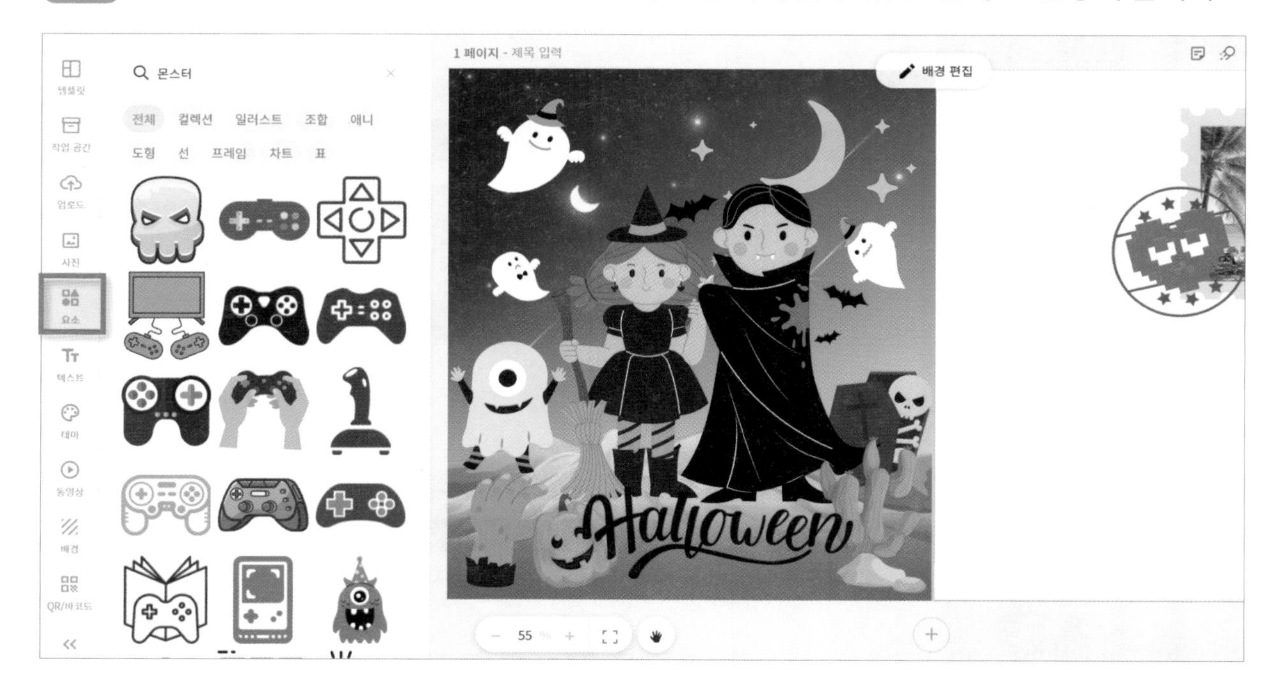

04 » 엽서가 완성되면 제목(엽서)을 입력하고, 다운로드 - JPG - 빠른 다운로드 버튼을 순서대로 클릭하여 컴퓨터에 저장합니다.

몬스터 카드 게임 만들기

몬스터 월드의 여행을 끝내고 우주선으로 돌아온 친구들은 몬스터 친구들이 그리웠어요. 친구들이 몬스터를 잊지 않고 기억할 수 있는 방법이 없을까요? **우주선에서 할 수 있는 몬스터 캐릭터 카드 게임을 만들어 보아요.**

1 카드 '틀'을 배경으로 추가하기

01 » 크롬( )을 통해 미리캔버스(https://www.miricanvas.com/)에 접속한 후 바로 시작하기 버튼을 클릭합니다. 그리고 오른쪽 상단의 로그인 버튼을 눌러 정보를 입력한 후 로그인합니다.

02 » [캔버스 사이즈]를 클릭하여 사이즈 종류가 나타나면 [프레젠테이션]을 클릭합니다.

03 » 업로드 - 업로드 버튼을 클릭합니다. [예제파일]-[빅03] 폴더의 이미지를 미리캔버스로 모두 업로드하기 위해 키보드의 Ctrl + A 키를 누른 후 열기 버튼을 클릭합니다.

04 » 업로드된 이미지 중, 카드 틀로 사용할 배경을 찾아 클릭합니다. 캔버스에 추가된 이미지를 마우스 오른쪽 버튼으로 클릭하여 메뉴가 나타나면 [배경으로 만들기]를 선택합니다.

05 » 배경 이미지가 화면을 벗어날 경우 배경을 더블 클릭하여 이미지의 크기를 조절한 후 체크를 클릭합니다.

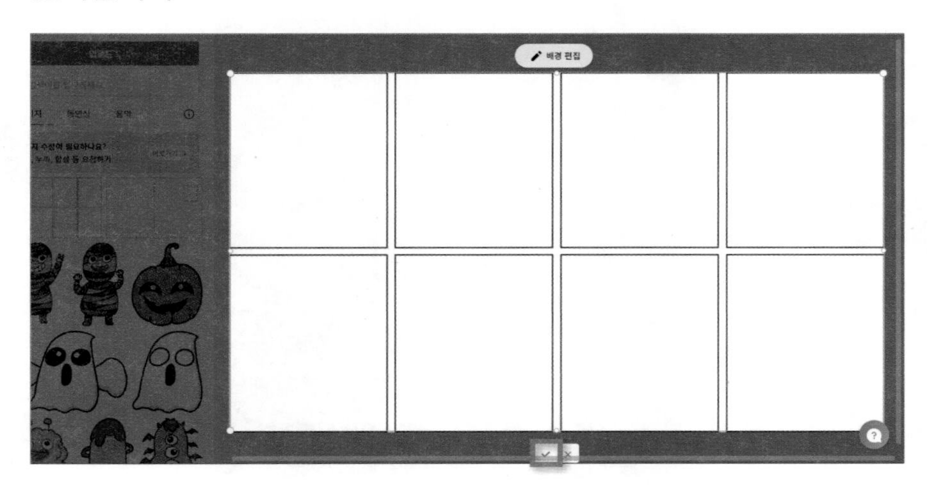

미리캔버스 tip

카드의 틀은 요소 - 도형 - [기본 도형 테두리]에서도 만들 수 있습니다. 이렇게 [기본 도형 테두리]를 사용할 경우, 테두리의 색상을 자유롭게 바꿀 수 있어 좋습니다.

2 '요소'에서 원형 프레임 선택하기

01 » 요소 - 프레임 -[외곽선 프레임]의 '더보기'에서 마음에 드는 원형 프레임을 클릭한 후, 크기와 위치를 다음과 같이 조절합니다.

02 » 프레임 이미지를 [복사], [붙여넣기]하여 카드 틀에 모두 추가합니다.

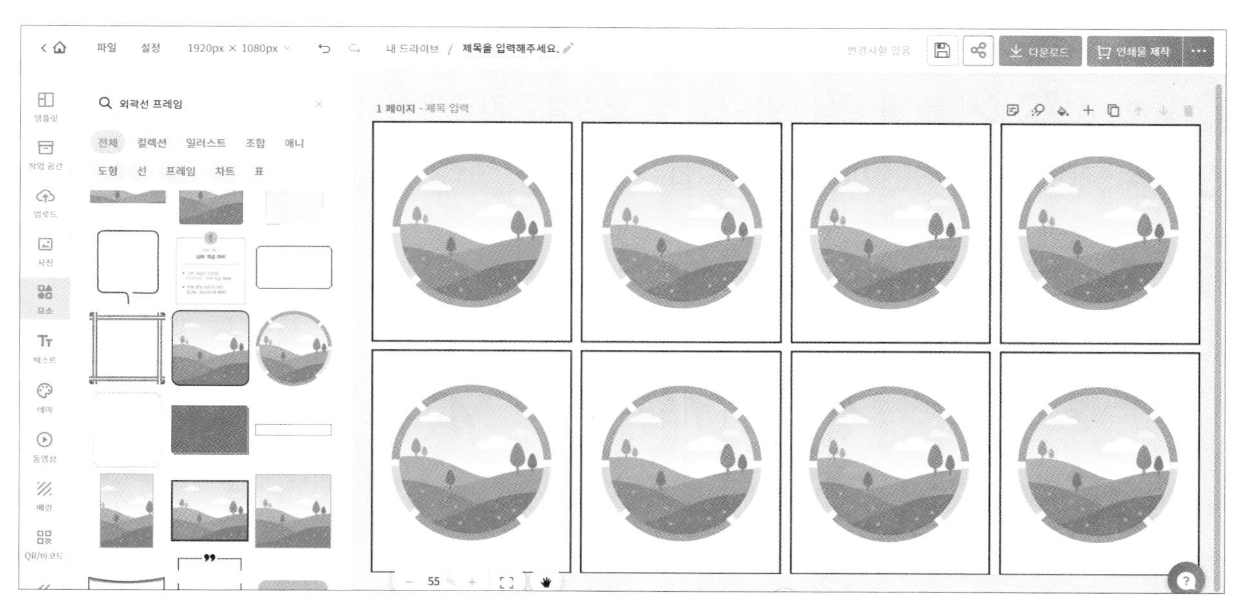

미리캔버스 tip

같은 프레임을 사용할 경우 키보드의 Ctrl + C (복사)와 Ctrl + V (붙여넣기) 키를 이용하여 프레임을 추가합니다.

어드벤처 tip

프레임의 색상을 서로 다르게 바꾸면 다양한 느낌의 카드로 완성할 수 있으나, 통일성이 없어지기도 합니다.

3 몬스터로 카드 꾸미기

01 » 업로드 에서 '몬스터'를 드래그하여 [프레임] 안에 넣습니다.

02 » '프레임'에 추가된 '몬스터'를 더블클릭하여 크기와 위치를 조절합니다.

03 » 텍스트 -[제목 텍스트 추가]를 클릭하여 각 카드에 숫자를 추가합니다.

04 » 요소 에서 '별'을 검색하여 무료 '별' 모양으로 카드에 파워를 표시합니다.

05 » 카드가 완성되면 제목(카드)을 입력하고, 다운로드 - JPG - 빠른 다운로드 버튼을 순서대로 클릭하여 컴퓨터에 저장합니다.

어드벤처 tip

몬스터 카드 게임은 친구들이 규칙을 자유롭게 정해서 진행할 수 있습니다. 카드 게임을 할 수 있는 요소는 '숫자와 별'입니다. 숫자와 별을 이용하여 재미있는 게임을 진행해 보세요.

스토리 어드벤처 04

재미있는 이야기가 펼쳐지는 동화 세상! 스토리 월드에서 동화 속 주인공을 만나 보자!

행복한 이야기로 꿈꾸는 스토리 월드에 도착! 짜잔!

우당탕탕! 우진이가 우주선 여기저기를 뛰어다니며 옷이랑 물건을 정신없이 꺼내고 있어요. "강우진! 왜 그러는 거야?" 수민이는 소란을 피우는 우진이를 붙잡았어요. "오늘은 바로 스토리 월드에 도착하는 날이라고. 유명한 동화 속 주인공을 만나는 날이니까 멋있게 준비하고 가야지!"

19 방 꾸미기

20 앨범

21 웹툰

22 동화

23 색칠공부 책

24 동영상

빅 04 바탕화면

19

스토리 월드 주인공 방 꾸미기

- ▶ 방 이미지를 배경으로 추가하기
- ▶ 액자 만들어 벽에 걸기
- ▶ 빈 방을 가구로 채우기
- ▶ TV에 어린왕자 영상 재생시키기

친구들은 스토리 월드에 도착하여 동화 나라에서 유명한 어린왕자를 만나게 되었어요.
“안녕하세요. 저는 어린왕자입니다. 먼 거리를 비행하느라 힘드셨죠? 오늘은 저희 집에서 편히 쉬세요.” 어린왕자는 친구들을 집으로 초대했어요.
친구들이 쉬게 될 어린왕자의 방을 상상하며 디자인해 보아요.

1 방 이미지를 배경으로 추가하기

01 » 크롬( )을 통해 미리캔버스(https://www.miricanvas.com/)에 접속한 후 [바로 시작하기] 버튼을 클릭합니다. 그리고 오른쪽 상단의 [로그인] 버튼을 눌러 정보를 입력한 후 로그인합니다.

02 » [캔버스 사이즈]를 클릭하여 사이즈 종류가 나타나면 [프레젠테이션]을 클릭합니다.

03 » [사진]에서 ‘방’을 검색한 후, 가구가 없는 무료 사진을 찾아 클릭합니다.

04 » 캔버스에 추가된 사진을 마우스 오른쪽 버튼으로 클릭하여 메뉴가 나타나면 [배경으로 만들기]를 선택합니다.

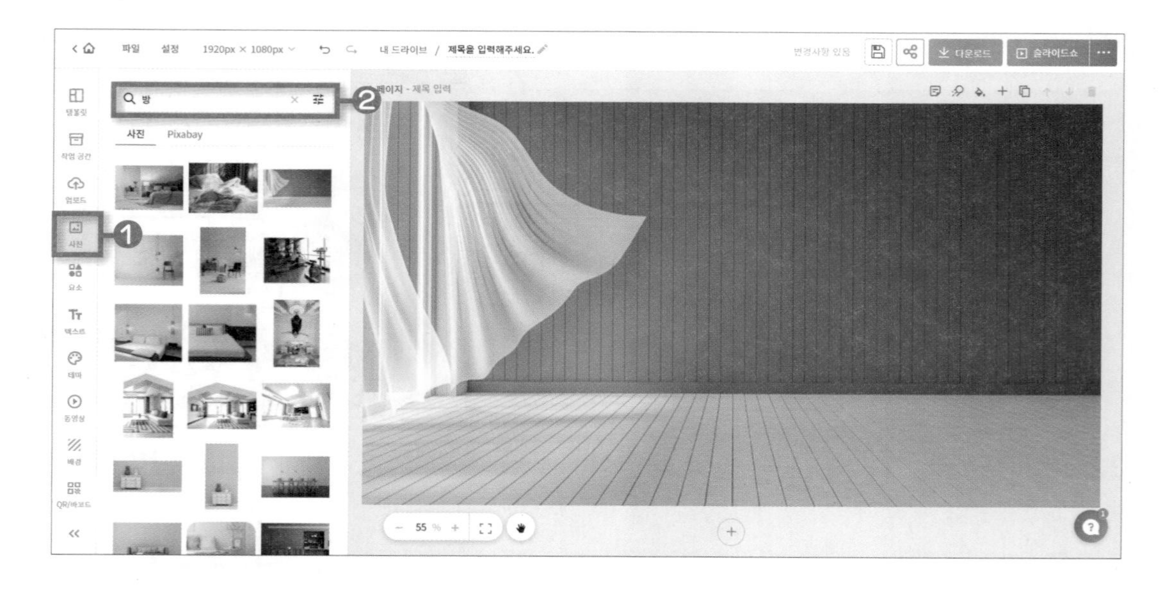

2 액자를 만들어 벽에 걸기

01 » 요소 - 프레임 에서 '액자'를 검색한 후, 마음에 드는 무료 '액자'를 클릭합니다.

02 » '액자'의 조절점을 마우스로 드래그하여 크기를 조절한 후 위치를 이동시킵니다.

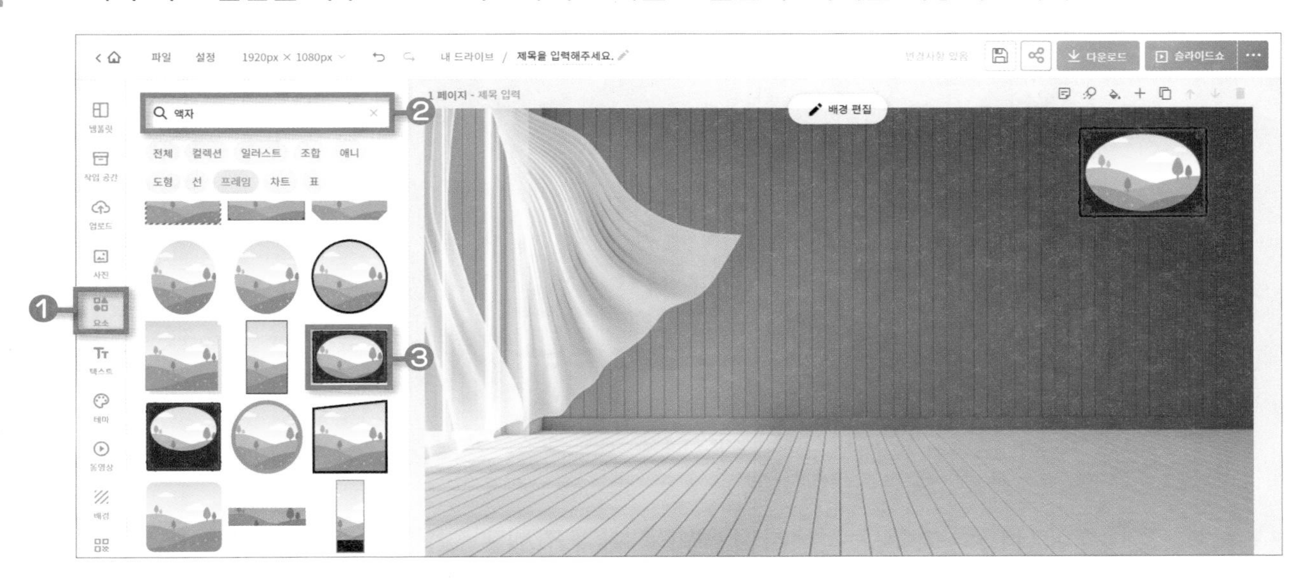

03 » [사진]에서 '어린왕자'를 검색한 후 무료 사진을 '프레임'으로 드래그하여 넣습니다.

04 » '프레임'에 추가된 이미지를 더블 클릭하여 크기와 위치를 조절한 후 ✓ 체크를 클릭합니다.

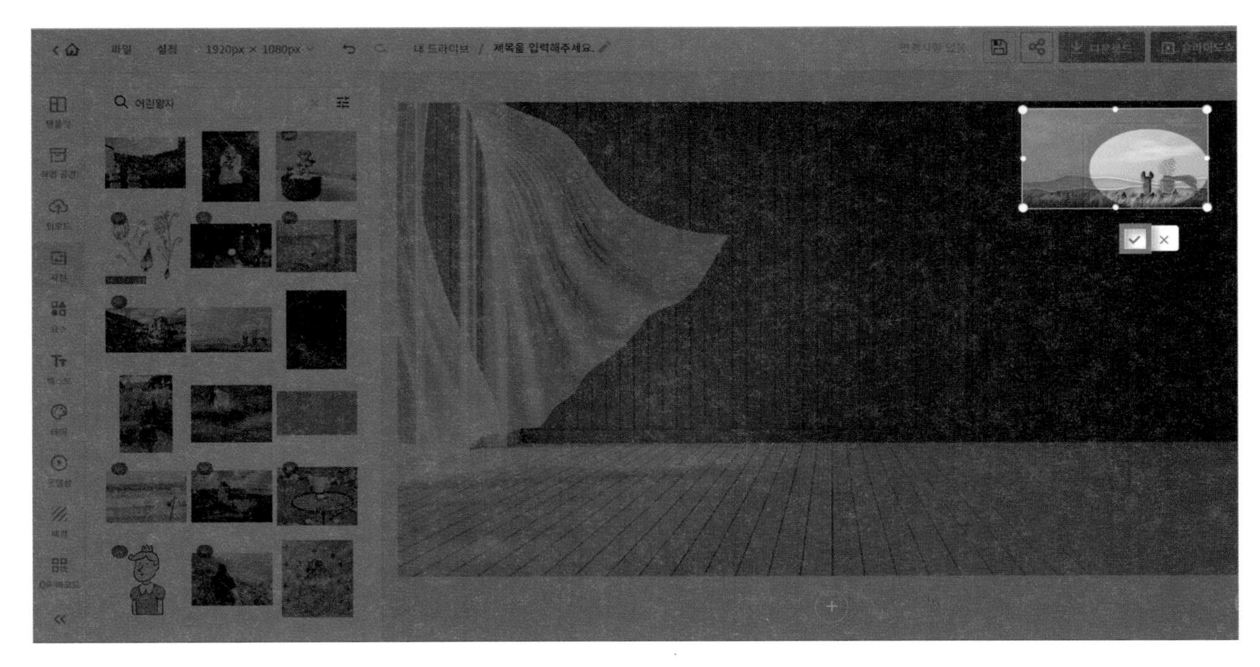

3 빈방을 가구로 채우기

01 » 요소 에서 '침대'를 검색한 후 빈방에 어울리는 무료 '침대' 이미지를 찾아 클릭합니다.

02 » '침대'의 조절점을 마우스로 드래그하여 크기를 조절한 후 위치를 이동시킵니다.

03 » 요소 에서 다른 가구도 검색하여 빈방을 채워 주세요.

미리캔버스 tip 가구 배치하는 방법

❶ 가구 이미지는 [사진]에서 검색하여 넣어도 됩니다.
❷ 가구의 순서를 바꿀 때에는 [비트맵] 속성에서 [순서] 메뉴를 활용합니다.
❸ 가구의 방향을 바꿀 때에는 [비트맵] 속성에서 [반전] 메뉴를 활용합니다.

어드벤처 tip

방을 꾸밀 때에는 동영상을 재생하기 위해 텔레비전과 같이 동영상을 재생시킬 수 있는 장치 요소를 추가하면 좋습니다.

4 텔레비전에 어린왕자 영상 재생시키기

01 » 크롬( )을 통해 유튜브(https://www.youtube.com/)에 접속한 후 '어린왕자'를 검색합니다.

02 » 마음에 드는 '어린왕자' 영상을 선택합니다.

03 » [공유]를 클릭한 후 공유창이 열리면 [복사]를 클릭합니다.

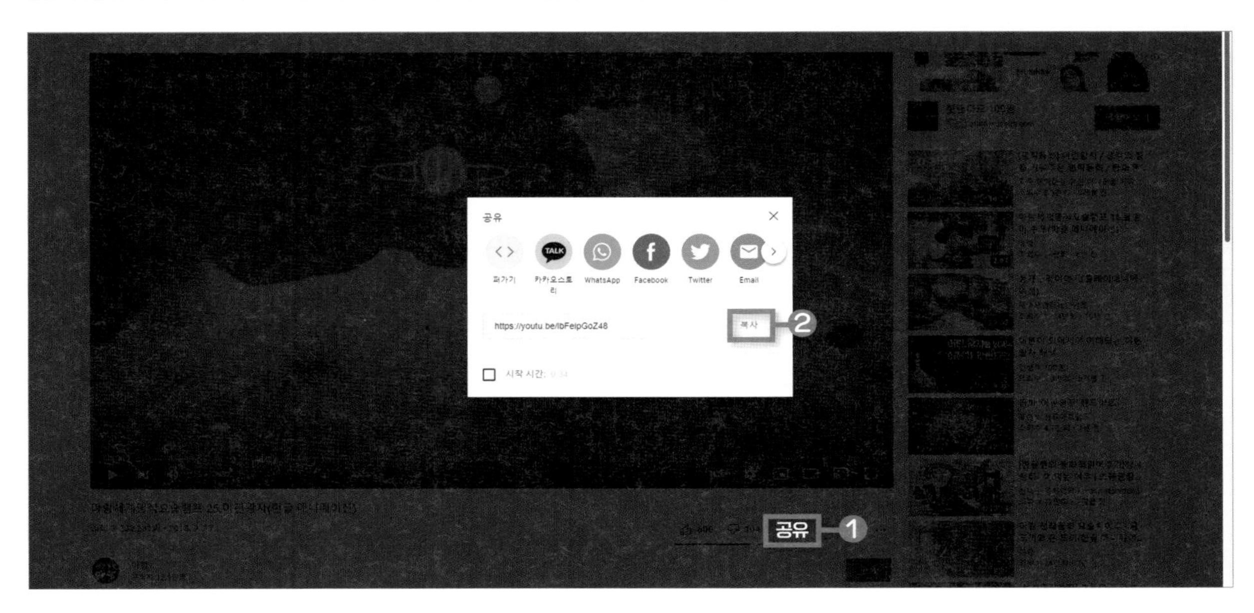

04 » 미리캔버스로 돌아와 동영상 - [YouTube]에서 [URL] 칸을 클릭한 후, 마우스 오른쪽 버튼을 클릭하여 [붙여넣기]를 선택합니다. 그리고 [만들기] 버튼을 클릭하여 동영상을 캔버스에 추가합니다.

05 » 동영상의 크기를 텔레비전 크기에 맞게 조절합니다. 그리고 위치를 텔레비전 화면으로 이동시킵니다.

06 » 방을 다 꾸미면 제목(어린왕자 방)을 입력하고, 다운로드 - JPG - 빠른 다운로드 버튼을 순서대로 클릭하여 컴퓨터에 저장합니다.

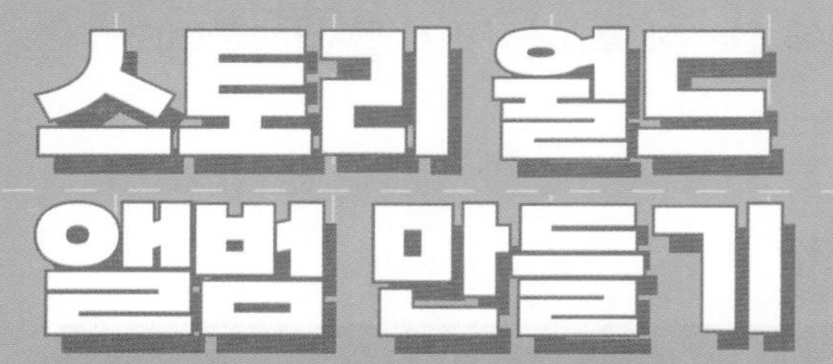

스토리 월드 앨범 만들기

학습목표

- 앨범 배경 추가하기
- 앨범 제목 추가하기
- 앨범에 붙일 사진 색칠하기
- 앨범에 사진 붙이기

친구들은 어린왕자의 집 이곳저곳을 둘러보다가 앨범을 발견했어요.
“왕자님 혹시 이 앨범 봐도 돼요?” / “네, 동화 속 친구들과 함께 찍은 사진이에요. 보셔도 됩니다.” 친구들은 둘러 앉아 스토리 월드의 주인공 사진을 구경했어요.
친구들이 구경한 앨범은 어떻게 디자인되어 있었을까요? 상상하며 만들어 보아요.

1 앨범 배경 추가하기

01 » 크롬( )을 통해 미리캔버스(https://www.miricanvas.com/)에 접속한 후 바로 시작하기 버튼을 클릭합니다. 그리고 오른쪽 상단의 로그인 버튼을 눌러 정보를 입력한 후 로그인합니다.

02 » [캔버스 사이즈]에 직접 입력을 클릭하여 850 × 600px를 입력한 후 적용하기 버튼을 클릭합니다.

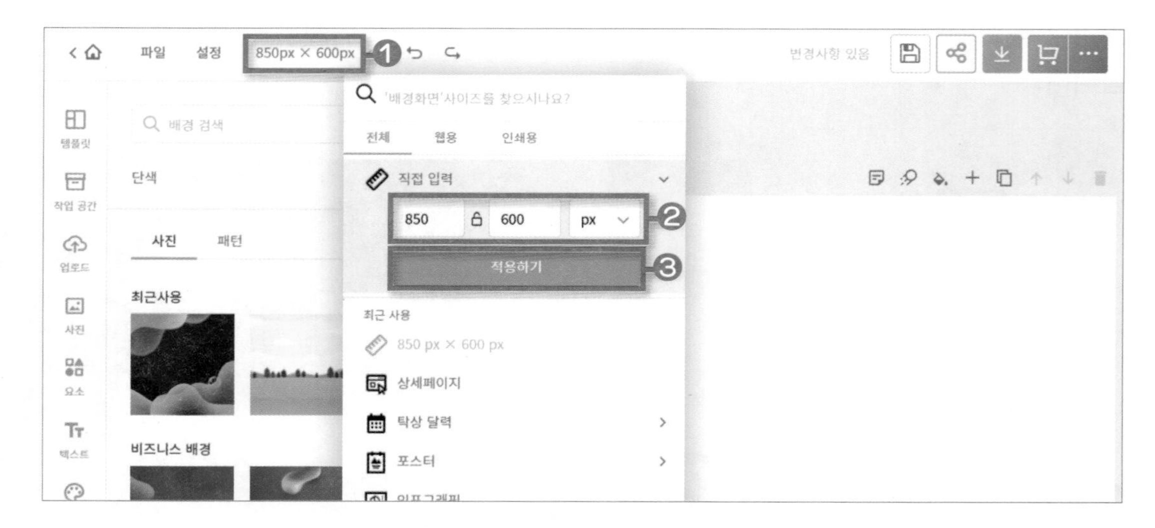

미리캔버스 tip

[직접 입력]은 캔버스의 사이즈를 사용자가 원하는 사이즈로 만들 때에 사용됩니다.

03 » 업로드 - 업로드 버튼을 클릭합니다. [예제파일]-[20강] 폴더의 이미지를 미리캔버스로 모두 업로드하기 위해 키보드의 Ctrl + A 키를 누른 후 열기 버튼을 클릭합니다.

04 » 업로드된 이미지 중, 앨범으로 사용할 배경을 찾아 클릭합니다. 캔버스에 추가된 이미지를 마우스 오른쪽 버튼으로 클릭하여 메뉴가 나타나면 [배경으로 만들기]를 선택합니다.

2 앨범 제목 추가하기

01 » 텍스트 -[제목 텍스트 추가]를 클릭하여 '우리들의 이야기'를 입력합니다.

02 » 원하는 글자를 영역으로 선택한 후 텍스트 속성에서 '글꼴', '글자색', '외곽선'을 바꿉니다. 그리고 크기를 조절한 후 위치를 제목 칸으로 이동시킵니다.

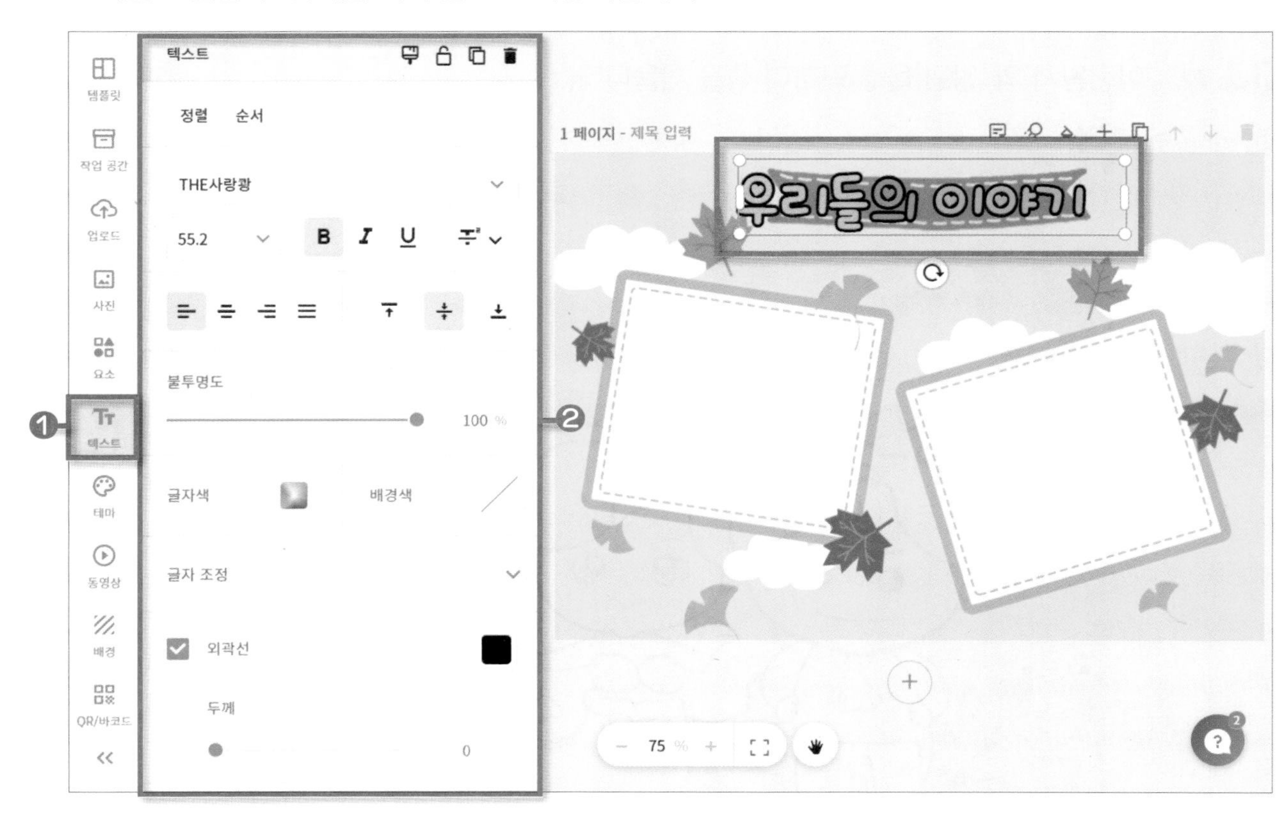

3 앨범에 붙일 사진 색칠하기

01 » [윈도우 시작 키(⊞)]-[windows 보조프로그램]-[그림판]을 실행합니다.

02 » [파일]-[열기]를 클릭합니다. [예제파일]-[20강] 폴더에서 '앨범 사진'을 선택한 후 **열기** 버튼을 클릭합니다.

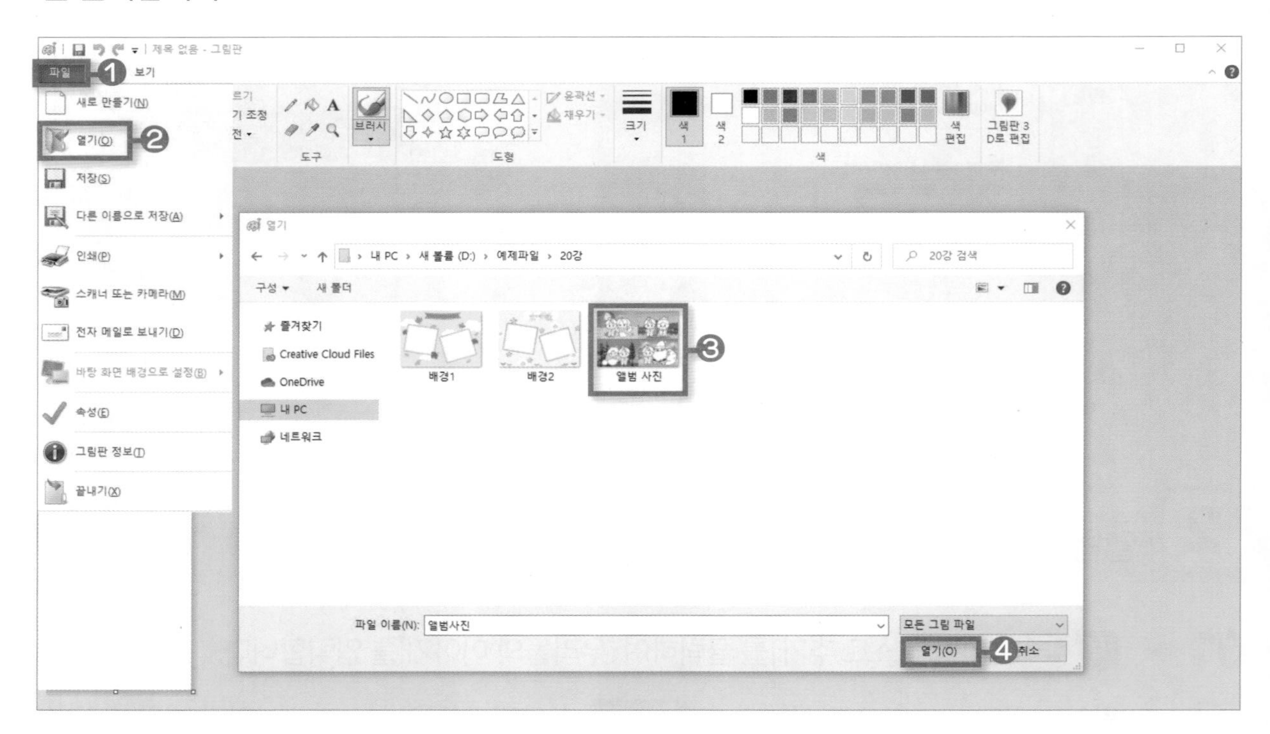

03 » [색]에서 노란색을 선택한 후, [도구]에서 [색 채우기]를 클릭합니다.

04 » '어린왕자'의 '왕관'을 클릭하여 색을 채웁니다.

▶▶ 그림판 tip

색을 잘못 칠했을 경우 실행 취소(↶)를 클릭한 후, 다시 색을 칠합니다.
색을 잘못 칠했을 때 지우개로 지우면 선도 함께 지워지므로 꼭 실행 취소(↶)를 클릭해 주세요.

05 » [색 편집]을 클릭하여 '살색'을 선택한 뒤 밝기를 조절한 후 [확인] 버튼을 클릭합니다.

06 » [색 채우기]로 '어린왕자'와 '인어공주'의 얼굴과 몸을 클릭하여 색을 채웁니다.

07 » **05~06**과 같은 방법으로 '어린왕자와 인어공주', '어린왕자와 임금님', '어린왕자와 백설공주', '어린왕자와 산타'를 모두 색칠해 봅니다.

4 앨범에 사진 붙이기

01 » [선택]-[사각형으로 선택]을 클릭한 후 1개의 사진을 대각선으로 드래그하여 영역 선택합니다.

02 » 마우스 오른쪽 버튼을 클릭하여 [복사]를 선택합니다.

03 » 미리캔버스로 돌아와 키보드의 Ctrl + V 키를 눌러 캔버스에 '사진'을 붙여 넣습니다.

04 » '사진'의 조절점과 회전 버튼( )을 사용하여 앨범에 맞게 크기와 위치, 방향을 조절합니다.

05 » **01~04**와 같은 방법으로 나머지 사진도 붙여 넣습니다.

06 » 앨범이 완성되면 제목(앨범)을 입력하고, 다운로드 - JPG - 빠른 다운로드 버튼을 순서대로 클릭하여 컴퓨터에 저장합니다.

재미있는 이야기로 웹툰 만들기

학습목표

- ▶ 이야기를 읽고, 대사 써 보기
- ▶ 웹툰 이미지를 배경으로 추가하기
- ▶ 완성한 웹툰 이야기를 보고 말풍선 추가하기
- ▶ 대사를 입력하고 '집중선' 추가하기
- ▶ 웹툰의 순서 표시하기

친구들은 왕자님에게 스토리 월드의 이야기 중 가장 재미있는 이야기를 들려 달라고 했어요.
"그럼, 단군신화 들려줄까요? 아주 옛날에 사람이 되고 싶어 하던 곰과 호랑이가 있었어요. 곰은 결국 소원대로 사람이 되었지요." 어린왕자의 이야기는 흥미진진했어요.
친구들이 들은 단군신화의 '웅녀 이야기'를 정리하여 웹툰으로 만들어 보아요.

1 이야기를 읽고, 말풍선 빈칸에 대사 써 보기

01 » 사람이 되고 싶었던 단군신화의 '웅녀 이야기' #1 ~ #6 을 읽은 후에 웹툰 대사를 써 봅니다.

메모

#1 단군은 우리 민족 최초의 나라인 고조선을 세운 사람이에요.	#2 곰과 호랑이가 신의 아들 '환웅'에게 사람이 되게 해 달라고 했어요.	#3 사람이 되려면 쑥과 마늘을 먹으며 동굴에서 100일을 견뎌야 했어요.
#4 성질이 급한 호랑이는 100일을 참지 못하고 도망갔어요.	#5 곰은 잘 참아 여자로 다시 태어났는데, 사람들이 '웅녀'라고 불렀어요.	#6 웅녀가 아이를 갖기를 원하자 환웅이 그 소원을 들어주어 '단군'이 태어났어요.

2 웹툰 이미지를 배경으로 추가하기

01 » 크롬( )을 통해 미리캔버스(https://www.miricanvas.com/)에 접속한 후 바로 시작하기 버튼을 클릭합니다. 그리고 오른쪽 상단의 로그인 버튼을 눌러 정보를 입력한 후 로그인합니다.

02 » [캔버스 사이즈]에 직접 입력을 클릭하여 700 × 1200px를 입력한 후 적용하기 버튼을 클릭합니다.

03 » 업로드 - 업로드 버튼을 클릭합니다. [예제파일]-[21강] 폴더에 '웹툰 배경'을 선택한 후 열기 버튼을 클릭합니다.

04 » 업로드된 '웹툰 배경'을 클릭합니다. 캔버스에 추가된 이미지를 마우스 오른쪽 버튼으로 클릭하여 메뉴가 나타나면 [배경으로 만들기]를 선택합니다.

3 웹툰 스토리를 보고 말풍선 추가하기

01 » 요소 에서 '말풍선'을 검색하여 원하는 무료 말풍선을 첫 번째 칸에 추가합니다.

02 » 써 놓은 대사를 확인해 보면서 나머지 칸에도 말풍선을 추가합니다. 말풍선 추가 후 좌우 방향을 바꿀 때에는 [일러스트] 속성에서 [반전] 메뉴를 활용합니다.

4 말풍선에 대사 입력하기

01 » 텍스트 -[본문 텍스트 추가]를 클릭하여 웹툰 대사를 입력해 봅니다.

02 » 텍스트 의 조절점을 마우스로 드래그하여 크기를 조절한 후 위치를 이동시켜 봅니다.

03 » 01~02와 같은 방법으로 빈칸에 대사를 모두 입력합니다.

미리캔버스 tip

- 텍스트 속성에서 [자간]과 [행간]을 조절하여 텍스트를 말풍선 크기에 맞추어 봅니다.
- 대사의 양에 따라 말풍선의 크기를 조절하여 웹툰을 완성합니다.

5 웹툰에 '집중선' 추가하기

01 » 요소 에서 '집중선'을 검색하여 내용에 어울리는 무료 모양을 선택합니다.

02 » '집중선'의 조절점을 마우스로 드래그하여 크기를 조절한 후 위치를 이동시킵니다.

03 » [일러스트] 속성에서 '집중선'의 [색상]을 바꾸어 봅니다.

04 » 집중선을 더 넣을 칸이 있는지 내용을 확인한 후, 무료 요소를 추가해 봅니다.

6 웹툰의 순서 표시하기

01 » 요소 에서 '숫자'를 검색하여 무료 숫자 '1'을 클릭합니다.

02 » '1'의 조절점을 마우스로 드래그하여 크기를 조절한 후 위치를 이동시킵니다.

03 » 01~02와 같은 방법으로 나머지 칸에도 순서를 표시합니다.

04 » 웹툰이 완성되면 제목(웹툰)을 입력하고, 다운로드 - JPG - 빠른 다운로드 버튼을 순서대로 클릭하여 컴퓨터에 저장합니다.

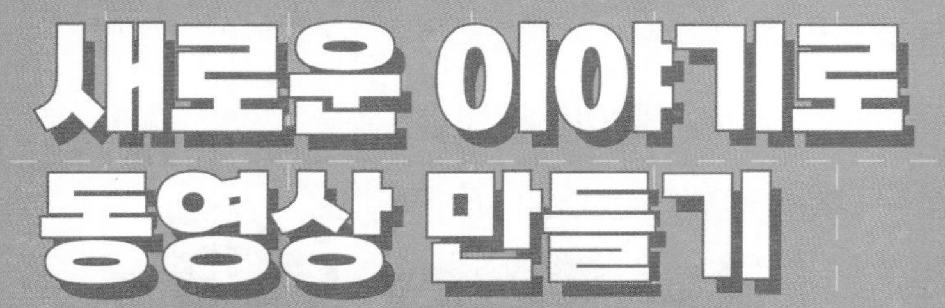

22

새로운 이야기로 동영상 만들기

학습목표

- 새로운 이야기 만들기
- 이야기 배경 만들기
- 이야기 장면 완성하기
- 장면에 애니메이션 적용하기

다음 날 아침, 친구들은 어린왕자와 함께 스토리 월드를 한눈에 볼 수 있는 홍보관에 갔어요. 홍보관에는 스토리 월드 주인공들의 스토리를 담은 다양한 영상이 보관되어 있었어요.
"홍보관에서는 상상력을 통해 새로운 동화를 만들어 낼 수 있어요."
"상상력으로요?"
"네, 상상만 하면 돼요. 해 보시겠어요?" 친구들은 고개를 끄덕였어요.
"그럼 지금부터 만들고 싶은 동화를 상상해 보세요."
친구들과 함께 스토리 월드에 새로운 이야기를 만들어 주세요.

1 새로운 이야기 만들기

01 » **01~03**의 이야기를 읽고, 마지막 **04** 이야기를 완성해 보세요.

01 동화 마을 연못에 '거꾸리'라는 아이가 살았어요. '거꾸리'는 모든 것을 다 거꾸로 하는 아이였어요. 엄마 : 거꾸라, 거꾸라~, 이리 좀 와 봐.	**02** 거꾸리는 엄마의 말을 듣지 않고 계속 게임을 하고 있었어요. 거꾸리 : 게임 중인데…. 왜요?
03 엄마는 박스를 가리키며 말했어요. 엄마 : 거꾸라, 저 박스는 절대 정리하면 안 된다. 저 박스를 정리하면 큰일이 벌어질 거야.	**04**

2 이야기 배경 만들기

01 » 크롬( )을 통해 미리캔버스(https://www.miricanvas.com/)에 접속한 후 바로 시작하기 버튼을 클릭합니다. 그리고 오른쪽 상단의 로그인 버튼을 눌러 정보를 입력한 후 로그인합니다.

02 » [캔버스 사이즈]를 클릭하여 사이즈 종류가 나타나면 [프레젠테이션]을 클릭합니다.

03 » 배경 에서 '연못' 또는 '바다'를 검색하여 새로운 이야기에 어울리는 무료 배경을 선택합니다.

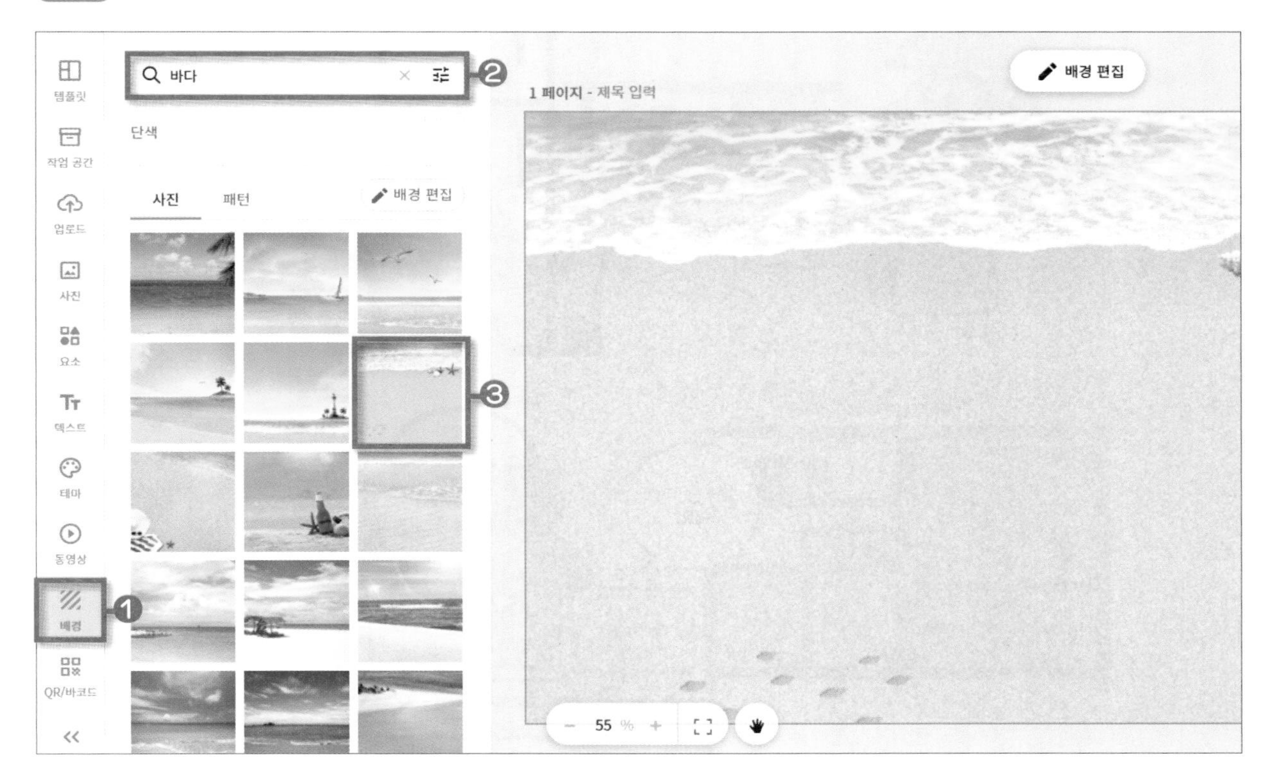

04 » 페이지 상단에 페이지 복제( ) 버튼을 4번 클릭하여 페이지를 '4페이지'까지 추가합니다.

3 이야기 장면 완성하기

01 » 요소 와 텍스트 를 활용하여 이야기에 어울리도록 장면을 꾸며 봅니다.

02 » '새로운 이야기 만들기'에서 작성한 마지막 '**04** 이야기'도 장면으로 꾸며 완성해 봅니다.

어드벤처 tip

캐릭터는 자유롭게 선택하여 이야기 장면을 완성합니다.

미리캔버스 tip

요소 및 캐릭터 등을 추가할 때는 왕관( ) 이 없는 무료 이미지를 추가합니다.

캐릭터가 바라보는 방향을 바꿀 때에는 [일러스트] 속성의 [반전]-[좌우반전]을 사용합니다.

4 장면에 애니메이션 적용하기

01 » '1 페이지'로 돌아와서 페이지 하단에 애니메이션( )을 클릭합니다.

02 » [페이지 애니메이션]-[기본]에서 마음에 드는 애니메이션을 선택합니다.

03 » 다른 페이지에도 애니메이션을 적용하기 위해 [모든 페이지에 적용]을 체크합니다.

애니메이션 버튼에 마우스를 올리면 애니메이션 효과를 미리볼 수 있습니다.

04 » 애니메이션이 적용되면 이야기를 동영상으로 저장하기 위해 다운로드 - 동영상 - MP4 를 클릭한 후 다운로드 버튼을 클릭하여 컴퓨터에 저장합니다.

동영상을 다운로드할 때 파일 형식을 [GIF]로 선택하면 영상이 아닌 움직이는 이미지로 저장됩니다.

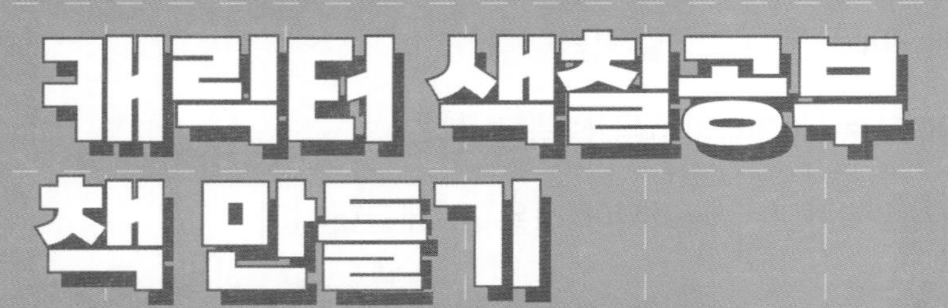

- 색칠공부 책 표지(바깥쪽) 만들기
- 색칠공부 책 속지(안쪽) 만들기

스토리 월드 관광을 끝낸 친구들은 어린왕자에게 감사 인사를 했어요.
그러자 어린왕자는 친구들에게 작은 선물을 건넸어요.
"색칠공부를 할 수 있는 책이에요. 스토리 월드의 주인공이 담겨져 있으니 색을 칠할 때마다 우리를 기억해 줘요."
친구들은 색칠공부 책이 너무 마음에 들었어요. "그럼요! 꼭 기억할게요!"
친구들이 어린왕자에게 선물 받은 색칠공부 책을 상상하며 디자인해 보아요.

1 색칠공부 책 표지 만들기

01 » 크롬( )을 통해 미리캔버스(https://www.miricanvas.com/)에 접속한 후 바로 시작하기 버튼을 클릭합니다. 그리고 오른쪽 상단의 로그인 버튼을 눌러 정보를 입력한 후 로그인합니다.

02 » [캔버스 사이즈]를 클릭하여 사이즈 종류가 나타나면 [문서 서식]을 클릭합니다.

03 » [배경]에서 '동화'를 검색하여 마음에 드는 무료 배경을 클릭합니다.

04 » 텍스트 -[제목 텍스트 추가]를 클릭한 후 '재미있는 색칠공부'를 입력합니다.

05 » 텍스트의 조절점을 마우스로 드래그하여 크기를 조절한 후, 위치를 '위쪽'으로 이동시킵니다.

06 » 텍스트 속성에서 '글꼴', '글자색', '외곽선' 등을 바꾸어 봅니다.

07 » 요소에서 '색칠 공부' 또는 '색칠'로 검색한 후 무료 이미지를 이용하여 표지를 꾸며 봅니다.

2 색칠공부 책 속지 만들기

01 » 페이지 상단에 새 페이지 추가(+)를 클릭합니다.

02 » 업로드 - 업로드 버튼을 클릭합니다. [예제파일]-[23강] 폴더의 이미지를 미리캔버스로 모두 업로드하기 위해 키보드의 Ctrl + A 키를 누른 후 열기 버튼을 클릭합니다.

03 » 업로드된 과자나라 스케치를 클릭합니다. 캔버스에 추가된 스케치 이미지를 마우스 오른쪽 버튼으로 클릭하여 메뉴가 나타나면 [배경으로 만들기]를 선택합니다.

04 » 01~03과 같은 방법으로 나머지 스케치도 색칠공부 책의 속지로 추가합니다.

05 » 색칠공부 책이 완성되면 제목(색칠공부)을 입력하고, **다운로드** - **JPG** - **빠른 다운로드** 버튼을 순서대로 클릭하여 컴퓨터에 저장합니다.

06 » 색칠공부 책이 완성되면 종이로 인쇄하여 친구들과 함께 색칠공부를 해 봅니다.

24

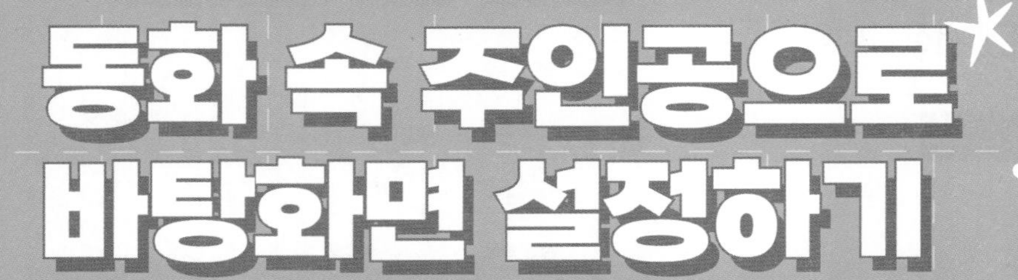

- 배경과 캐릭터 추가하기
- 사진에 테두리 추가하기
- 날짜와 시간 기록하기
- 컴퓨터 바탕화면으로 적용하기

우주선으로 돌아온 우진이는 스토리 월드의 동화 속 주인공 사진을 컴퓨터 바탕화면으로 설정해 보았어요.
"이거 봐 봐. 어린왕자님 너무 멋있지 않아?"
동화 속 주인공들의 이미지로 단체 사진을 만들어 컴퓨터의 바탕화면으로 설정해 보아요.

1 배경 추가하기

01 » 크롬()을 통해 미리캔버스(https://www.miricanvas.com/)에 접속한 후 바로 시작하기 버튼을 클릭합니다. 그리고 오른쪽 상단의 로그인 버튼을 눌러 정보를 입력한 후 로그인합니다.

02 » [캔버스 사이즈]를 클릭하여 사이즈 종류가 나타나면 [프레젠테이션]을 클릭합니다.

03 » 업로드 - 업로드 버튼을 클릭합니다. [예제파일]-[24강] 폴더의 이미지를 미리캔버스로 모두 업로드하기 위해 키보드의 Ctrl + A 키를 누른 후 열기 버튼을 클릭합니다.

04 » 업로드된 이미지 중, 사용할 배경을 찾아 클릭합니다. 캔버스에 추가된 이미지를 마우스 오른쪽 버튼으로 클릭하여 메뉴가 나타나면 [배경으로 만들기]를 선택합니다.

2 캐릭터 추가하기

01 » 업로드 에서 캐릭터를 찾아 배경에 추가해 봅니다.

02 » 캐릭터의 크기와 위치를 자유롭게 바꾸어 봅니다.

3 사진에 테두리 추가하기

01 » 요소 - 도형 -[기본 도형 테두리]에서 '사각형 테두리'를 클릭합니다.

02 » 도형 속성에서 [색상]을 '검은색'으로 바꾸고, 그림에 어울리게 크기와 위치, 두께를 조절합니다.

어드벤처 tip

테두리 모양과 색상을 여러 가지 모양과 색상으로 설정해 봅니다.

4 날짜와 시간 기록하기

01 » 텍스트 -[본문 텍스트 추가]를 클릭하여 오늘 날짜를 입력합니다.

02 » 텍스트 속성에서 '글자색'을 빨간색으로 바꿉니다.

03 » 텍스트가 잘 보이도록 텍스트 속성에서 '외곽선'을 흰색으로 적용하고, 두께를 '40'으로 바꿉니다.

5 컴퓨터 바탕화면으로 적용하기

01 » 사진이 완성되면 제목(사진)을 입력하고, 다운로드 - JPG - 빠른 다운로드 버튼을 순서대로 클릭하여 컴퓨터에 저장합니다.

02 » 컴퓨터 바탕화면에서 마우스 오른쪽 버튼을 눌러 [개인 설정]을 클릭합니다.

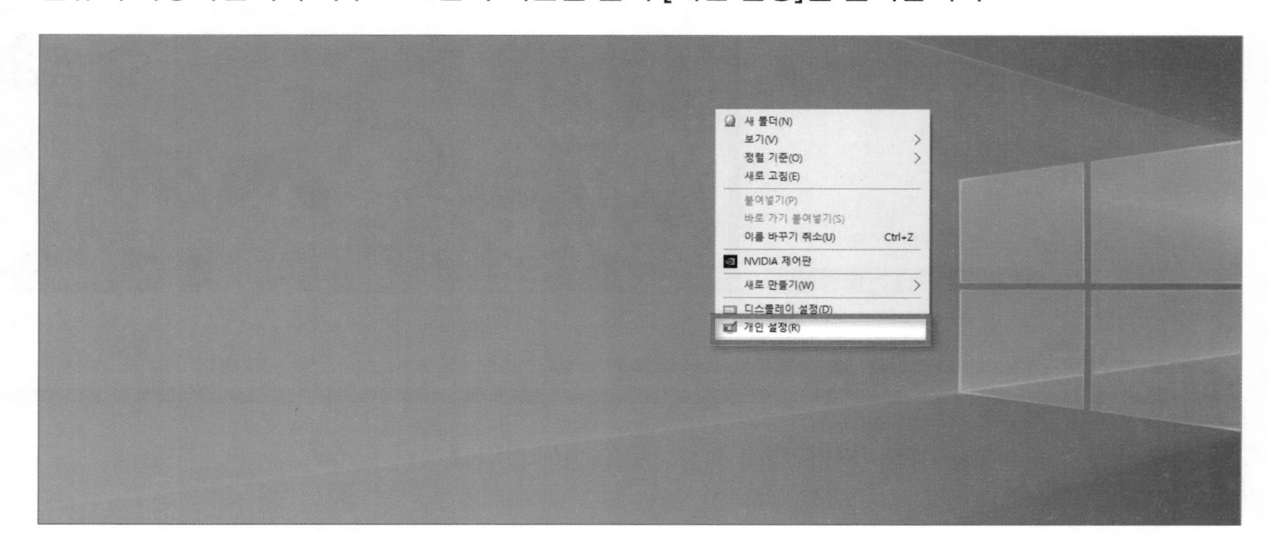

03 » [배경]-[찾아보기]를 클릭합니다. [열기] 창이 나타나면 다운로드한 사진을 클릭한 후 [사진 선택] 버튼을 클릭합니다.

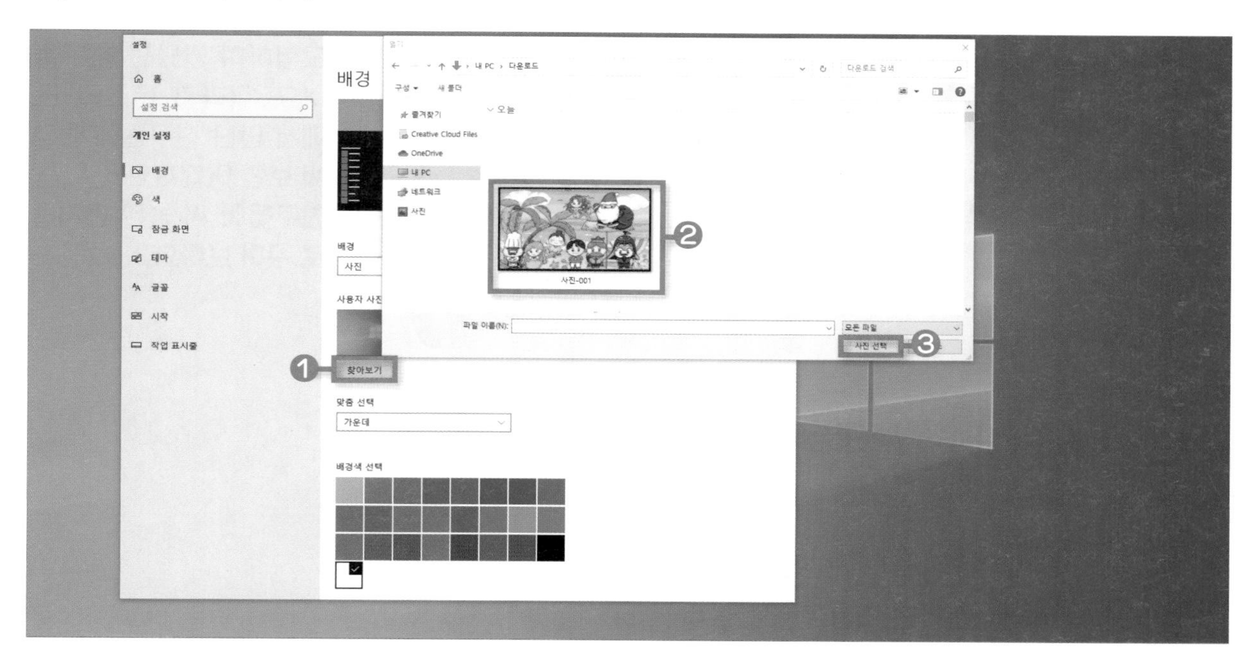

04 » [맞춤 선택]을 가운데로 선택한 후 [닫기 ×]를 클릭합니다. 그리고 모니터 화면에 적용된 배경을 확인합니다.

친구에게 보낼 영상 편지 만들기

미리캔버스 모험을 모두 마치고 돌아온 친구들은 며칠 후 다시 모였어요. 모험을 끝낸 지 얼마 안 됐는데, 모험하며 만났던 친구들이 그리웠어요. 쥐라기·몬스터·스토리 월드에서 만난 친구들에게 영상 편지를 써 보면 어떨까요?
친구들이 써 놓은 편지를 동영상으로 꾸며 보아요.

1 어린왕자에게 보내는 편지 꾸미기

안녕! 어린왕자! 얼마 전에 만났었는데.
벌써 보고 싶다. 우리는 집에 잘 도착했어.
다음에 다시 만날 때까지 우리를 잊지 말고 기다려 줘.
스토리 월드에서 만난 주인공 친구들은 절대 잊지 못할 거야. 고마워.

01 » 크롬( )을 통해 미리캔버스(https://www.miricanvas.com/)에 접속한 후 바로 시작하기 버튼을 클릭합니다. 그리고 오른쪽 상단의 로그인 버튼을 눌러 정보를 입력한 후 로그인합니다.

02 » [캔버스 사이즈]를 클릭하여 사이즈 종류가 나타나면 [프레젠테이션]을 클릭합니다.

03 » 업로드, 사진, 요소, 텍스트, 배경 을 이용하여 어린왕자에게 보내는 편지를 꾸며 봅니다.

어드벤처 tip
- 배경 동화 검색
- 업로드 [빅04] 폴더
- 요소 [프레임], 학생, 하트 검색
- 무료 이미지만 사용

2 몬스터에게 보내는 편지 꾸미기

> 몬스터! 잘 지내고 있지? 헤어진 지 벌써 2주가 지났어.
> 우리를 벌써 잊은 건 아니지? 너무 보고 싶어.
> 귀여운 유령들도 보고 싶고, 괴물들도 보고 싶어.
> TV에서 몬스터 애니메이션이 방송되면 너희가 생각나기도 해.
> 너희도 내가 보고 싶어? 언젠가 꼭 다시 놀러 갈게. 그때까지 잘 있어.

01 » 페이지 상단에 새 페이지 추가(+)를 클릭합니다.

02 » 업로드, 사진, 요소, 텍스트, 배경 을 이용하여 몬스터에게 보내는 편지를 꾸며 봅니다.

어드벤처 tip

- 업로드 [빅04] 폴더
- 요소 학생, 편지, 메모지, 말풍선, 몬스터 검색
- 무료 이미지만 사용

3 어드벤처 친구들에게 편지 쓰기

01 » 다음 빈칸에 그동안 미리캔버스에서 만난 친구들에게 편지를 쓰고, 새 페이지를 추가(+)하여 편지를 꾸며 봅니다.

4 편지에 애니메이션 효과 적용하기

01 » '1 페이지'로 돌아와서 페이지 하단에 애니메이션( )을 클릭하고, [페이지 애니메이션]-[기본]에서 마음에 드는 애니메이션을 선택합니다.

02 » 모든 페이지에 애니메이션을 적용하기 위해 [모든 페이지에 적용]을 체크합니다.

5 편지를 동영상으로 저장하기

01 » 편지를 동영상으로 저장하기 위해 다운로드 - 동영상 - MP4 를 클릭한 후 다운로드 버튼을 클릭하여 컴퓨터에 저장합니다.

미리캔버스 tip

완성된 편지를 GIF로 저장해서 MP4로 저장했을 때와 어떠한 차이가 있는지 확인해 보세요.